Qui a peur de Roman Polanski ?

SABINE PROKHORIS

QUI A PEUR DE ROMAN POLANSKI ?

le cherche midi

Du même auteur
au Cherche Midi

Le Mirage #MeToo, 2021

Vous pouvez consulter notre catalogue général
et l'annonce de nos prochaines parutions sur notre site :
www.cherche-midi.com

92, avenue de France
75013 Paris

Conception graphique : Justine Dupré
Composition : Facompo
Dépôt légal : janvier 2024
ISBN 978-2-7491-7781-6

Comment échapper à la défiguration ? Tel est le sujet sur lequel il faut se pencher.

Philip Roth

L'œuvre d'un homme : enjeux

Ils ne comprennent pas que la destruction de la vérité est un ouragan qui emporte tout car elle permet d'instaurer l'arbitraire en norme.

Constantin Sigov

S'aventurer à écrire sur Roman Polanski, quel sens cela peut-il avoir aujourd'hui ? S'agissant d'une œuvre artistique dont l'inventivité ne s'est jamais démentie, depuis les courts métrages annonçant une sensibilité et un talent d'une particulière originalité, puis *Le Couteau dans l'eau*, premier long métrage du réalisateur en 1962, des pages et des pages ont été écrites. Qu'ajouter, qui ne soit redondant ? Quant aux vicissitudes d'un destin hors du commun, « montagnes russes » entre « triomphes immenses, joies et plaisirs » et « abîmes de tragédie et de douleur », écrivait Polanski dans une postface de 2015 à son livre autobiographique[1], elles ne démontrent rien, si ce n'est la capacité vitale et créative d'un homme face à l'adversité.

---

1. Roman Polanski, *Roman par Polanski*, trad. Jean-Pierre Carasso, Paris, Robert Laffont, 1984 ; rééd. Fayard, 2016 ; Le Livre de poche, 2017, p. 11.

Force est de constater cependant qu'au sujet de la personne de Roman Polanski, la toute-puissance irréfléchie des médias, désespérant sommeil de la raison, a accouché de toutes sortes d'inepties destructrices présentées comme des « vérités » incontestables. Des énormités en série, de plus en plus affamées de sensationnalisme, relancées de façon particulièrement fanatique depuis les fatwas lancées par le mouvement #MeToo. Dans une étrange exaltation en meute, empreinte d'une trouble passion lyncheuse, Polanski « Violanski » – ainsi qu'a cru bon de le nommer la militante et « spécialiste » du « *male gaze* » (et de son opposé, le supposé « *female gaze* ») Iris Brey lors d'un happening fameux de la comédienne Adèle Haenel et de ses metteurs en scène d'un soir, Marine Turchi et Edwy Plenel[2] – est devenu la figure exécrée par excellence. On ne compte plus les articles, tribunes, émissions qui s'offusquent de « l'impunité » de Polanski[3]. Les déesses ont soif[4]…

---

2. Mediapart, 3 novembre 2019. Pour une analyse détaillée de cet épisode, et de ses conséquences pour Roman Polanski, voir Sabine Prokhoris, *Le Mirage #MeToo*, notamment chap. 1, p. 31-40, chap. 2, p. 67 et suiv., et chap. 4, p. 178 et suiv., Paris, le Cherche Midi, 2021.

3. Parmi les innombrables indignations vertueuses, on notera, à titre d'exemple, celle d'une ex-avocate (Yael Mellul) et d'une militante féministe (Lise Bouvet), qui « théorisent » : « L'impunité repose sur une conception de l'artiste démiurge et d'un public passif » (*L'Express*, 28 février 2020). Le postulat non questionné (et visiblement non questionnable) de ces propos – par ailleurs tristement indigents – : la culpabilité de Roman Polanski donnée pour une vérité indubitable.

4. Transposition du titre de l'admirable roman d'Anatole France sur la Terreur, *Les dieux ont soif*, publié en 1912. Ce titre est une citation de Camille Desmoulins, lors de son arrestation suivie sans délai par la guillotine.

Autour de cette frénésie, on a vu se multiplier nombre de discussions oiseuses : fallait-il bannir l'homme et l'artiste et, pour ne pas se trouver « complice » de ses « méfaits », boycotter son œuvre ? Ou alors plutôt « séparer l'homme de l'artiste/de l'œuvre[5] », sauver (du moins partiellement) l'œuvre, mais sans « célébrer l'artiste[6] » et en abominant l'homme ? Ne fallait-il pas se montrer plus radical et plus « moral » encore : à savoir « démontrer » la malignité intrinsèque et sans rémission de Polanski en la débusquant doctement dans son cinéma, sport favori de commentateurs contorsionnistes et solennels[7] ? Toutes ces considérations creuses prenant comme un fait acquis que bien sûr, même s'il est un grand artiste (quoique, paraît-il, ses sabots fourchus se dévoilent dans ses films), Polanski est un très sale individu.

Cet irréductible corps conducteur

Prenons les choses autrement – et plus simplement.

Que nous transmet un artiste, sinon la texture spécifique d'une expérience du monde, en partie indéchiffrable,

---

5. « Oui, à la hache ! » suggérèrent certains slogans inspirés…

6. Selon une déclaration tortueuse de Manuel Alduy, directeur du cinéma et des fictions à France Télévisions, pour justifier la programmation de *J'accuse* en juin 2023. Il ajoute : « Quand des talents problématiques [*sic*] sont associés à des films, on veut rester sur la diffusion de l'œuvre elle-même, qui est collective. » La vertu est sauve…

7. La philosophe Geneviève Fraisse par exemple expliqua laborieusement sur France Culture que *Tess* ou *J'accuse* démontraient que Polanski était un violeur. Voir Sabine Prokhoris, *Le Mirage #MeToo*, *op. cit.*

mais qu'il sait faire entrer en résonance avec la nôtre, et avec notre propre cœur ? Avec quoi œuvre-t-il, sinon avec son âme, avec ses yeux, tamis et creuset de ce « curieux miracle[8] » par lequel la création advient ? Ainsi ce qu'il y a de plus mystérieusement idiosyncrasique, qui demeure en chacun presque entièrement inconnu, se fera passage fécond et libre vers l'universel. Usant de la palette de couleurs émotionnelles et du savoir incarné dont son tempérament singulier et les fortunes diverses de son existence l'auront doté, l'artiste parviendra, à travers les compositions qu'il imagine, à « dresser un portrait de l'humanité avec tous ses particularismes », ainsi que l'exprime le romancier Philip Roth. Alors une œuvre pourra rencontrer son lecteur/son spectateur, ayant réalisé ce que décrit si bien le romancier Joseph Conrad :

> La tâche que je m'efforce d'accomplir consiste, par le seul pouvoir des mots écrits, à vous faire entendre, à vous faire sentir, et avant tout à vous faire *voir.* [...] Dans un effort résolu de cette sorte, si on a assez de mérite et de bonheur, on peut parfois atteindre à une sincérité si manifeste qu'à la fin, la vision de regret ou de pitié, de terreur ou de gaieté qu'on présente éveillera dans le cœur des spectateurs le sentiment d'une inévitable solidarité, de cette solidarité dans l'origine mystérieuse, dans le labeur, dans la joie, dans l'espérance, dans une incertaine destinée, qui unit les

---

8. Expression que l'on doit à l'écrivain Claude Simon, in « La fiction mot à mot », *Œuvres*, Paris, Gallimard, « La Pléiade », 2006, p. 1202.

> hommes les uns aux autres, et l'humanité tout entière au monde visible[9].

Les mots écrits, mais cela vaut bien sûr pour les images filmées projetées sur l'écran.

Cela suppose une aptitude, indomptable dans le jeu de tout enfant et renouvelée chez le créateur, à devenir « n'importe qui », selon la formule drolatique de Samuel Beckett au sujet non pas de l'acte artistique, mais de l'amour[10], qui « vous tire hors », pour emprunter les mots de Montaigne. Il en va de même pour l'élan de création. L'amour, la poésie – au sens fort de la capacité imaginaire à faire naître des univers habités, c'est-à-dire vrais –, même affaire, comme le dit le sagace bouffon de *Comme il vous plaira.* Nul surplomb, nul détachement du réel dans l'impérieuse, dans la vitale nécessité à créer, animée par une « aversion profonde pour les généralités », par une « passion pour la spécificité des choses, pour l'hypnotique matérialité du monde dans lequel nous vivons[11] » ; moins encore quelque visée édifiante ; mais au contraire un

---

9. Joseph Conrad, préface pour *Le Nègre du Narcisse* (1897), trad. Robert d'Humières, Paris, Gallimard, « L'Imaginaire », 1983, p. 12-13.

10. « On n'est plus soi-même, dans ces conditions, et c'est pénible de ne plus être soi-même, encore plus pénible que de l'être, quoi qu'on dise. Car lorsqu'on l'est, on sait ce qu'on a à faire pour l'être moins, tandis que lorsqu'on ne l'est plus on est n'importe qui, plus moyen de s'estomper », Samuel Beckett, *Premier amour*, Paris, Les Éditions de Minuit, 1995, p. 21-22.

11. Philip Roth, « L'implacable intimité du roman », trad. Lazare Bitoun, in *Pourquoi écrire*, Paris, Gallimard, « Folio », 2019, p. 560-561.

ancrage assuré dans le caractère contingent et unique d'un rapport au monde. Un rapport né de rencontres fortuites, d'entremêlements compliqués et d'intensités sensorielles imprévisiblement modulées. Mais, et c'est essentiel, toujours réinventé, sans cesse exploré, questionné à travers toutes les histoires qui le diffracteront, éclairage et délivrance de la claustration entre les murs aveugles d'un « moi » imperméable à toute perplexité, à toute altération. Bouteilles à la mer en somme. C'est pourquoi c'est de nous, et non d'abord de son auteur, que nous parle une œuvre, même (en apparence) la plus autobiographique. Nul mieux que Marcel Proust n'a su formuler cela :

> Mais pour en revenir à moi-même, je pensais plus modestement à mon livre, et ce serait même inexact que de dire en pensant à ceux qui le liraient mes lecteurs, mais les propres lecteurs d'eux-mêmes, mon livre n'étant qu'une sorte de ces verres grossissants comme ceux que tendait à un acheteur l'opticien de Combray ; mon livre grâce auquel je leur fournirais le moyen de lire en eux-mêmes[12].

Pareille puissance d'élucidation par l'art opère ainsi nécessairement à travers un regard : celui à nul autre pareil, de tel ou tel artiste. Un regard fondamentalement ductile – peut-être est-ce très précisément en cette particulière conductibilité que réside le don artistique –, tissé

12. Marcel Proust, *À la recherche du temps perdu*, *Le temps retrouvé*, Paris, Gallimard, « La Pléiade », t. 3, 1973, p. 1033.

des manières dont le monde, c'est-à-dire l'environnement sensible, la réalité historique que traverse et qui traverse un individu, le mystérieux univers interne enfin, aura impressionné cette sorte de plaque photographique ultrasensible et toujours unique qu'est un espace psychique, d'un seul tenant émotionnel, sensoriel, et de pensée. Ce qu'exprime de la plus exacte des façons Vladimir Nabokov, évoquant des paysages recréés « la plume à la main », intensément vrais car, écrit-il, « mes yeux sont faits en fin de compte de la même matière que la grisaille, la clarté, l'humidité de ces sites[13] ». Pour Polanski c'est non la plume, mais la caméra à la main que cette recréation vraie advient. En attestent des films tels que *Tess* ou *Le Pianiste*, ou même *Oliver Twist*, dont la qualité d'émotion et la teneur de vérité visuelle ancrées dans d'infimes détails matériels puisent aux traces vives d'une enfance : la sienne. Des sensations, émotions, images se sont par hasard, tel jour ou tel autre, fragmentairement déposées, inscrites dans la psyché ; elles ressurgissent de même, en kaléidoscope, rebrodées dans une trame neuve qui les revivifie. Ajoutons que les œuvres cinématographiques évoquées ci-dessus sont elles-mêmes nées de ce que les livres qui les ont inspirées – romans, ou récit autobiographique pour le livre de Wladyslaw Szpilman[14] – ont su ouvrir et faire

---

13. Dans le roman *Le Don* (1937), livre fictivement autobiographique sur les processus de la création qui s'enracinent dans la mémoire sensible, l'imagination recréatrice, la réalité historique. Vladimir Nabokov, *Œuvres complètes*, trad. Raymond Girard, Paris, Gallimard, « La Pléiade », t. 2, 2010, p. 30.

14. Wladyslaw Szpilman, *Le Pianiste* (1946), trad. Bernard Cohen, Paris, Robert Laffont, « Pocket », 2003.

vibrer chez leur lecteur sensible. À son tour il nous tend ces « verres grossissants ». Ainsi se conjuguent et se disséminent, en fugues et variations, les strates translucides de la transmission, élargissant notre expérience du monde et de nous-mêmes.

C'est donc un rapport spécifique au monde et à la vie, d'un seul tenant foncièrement intime et irréductible à l'étroitesse de quelque confidence personnelle, que porte et que transmet tout véritable acte de création. De la façon la plus limpide, Philip Roth, critiquant la manière de lire « qui réduit l'œuvre à l'impulsion ou aux circonstances personnelles qu'on croit en être la source », explique que « créer l'illusion de la vie ne consiste pas à se laisser aller à ce qu'on est, mais à inventer une nouvelle manière d'être. Il se trouve que le "naturel" ne pousse pas dans les arbres[15] ». Pour autant, un créateur n'est pas une entité impersonnelle flottant dans le vide intersidéral, détachée de toute contingence matérielle, moins encore un robot ou logiciel d'intelligence artificielle. C'est un être de chair et de sang, situé dans le temps et dans l'espace, à qui le monde pose, sur un mode tout à la fois unique et commun à tous, des questions à résonance universelle.

Pour faire germiner ses questions, l'artiste use de ce prolongement inventif de ses sens et de son cœur humain qu'est l'imagination. De là naît et se module le timbre unique de sa voix. C'est pourquoi les interminables débats

---

15. Philip Roth, « Du côté de Portnoy et autres essais », trad. Michel et Philippe Jaworski, in *Pourquoi écrire*, *op. cit.*, p. 193.

autour de la séparation ou non de l'homme et de l'artiste, ou de l'homme et de l'œuvre, sont en réalité parfaitement vides. Toute grande œuvre porte nécessairement la signature, unique autant que l'iris ou les empreintes digitales, d'un imaginaire spécifique. Polanski n'est pas Visconti, lequel n'est pas Fellini, qui n'est pas Kubrick. Mais pour tout artiste, créer obéit à une nécessité et porte les enjeux d'un rapport au monde qui dépassent sa personne.

C'est pourquoi aussi, selon les mots profonds de l'écrivain André Siniavski, « il n'y a pas d'art sans amour. L'amour est la racine de l'art ». Ce que rejoint ce propos d'Antoine Compagnon au sujet de la littérature, mais qui vaut aussi bien entendu pour les œuvres cinématographiques :

> Les livres sans amour sont illisibles. *Voyage au bout de la nuit* et *Mort à crédit* ne seraient pas ces chefs-d'œuvre si Céline, malgré tout, peut-être malgré lui, n'y avait pas mis aussi de l'amour[16].

L'amour – non les bons sentiments –, comme lien indéfectible au monde visible ; en dépit de tout – de soi-même parfois – ; envers et contre tout. Dans le documentaire *Promenade à Cracovie*[17], à propos de Stefania Buchala, la paysanne qui avec son mari l'a accueilli dans son foyer et

16. *Le Monde*, Antoine Compagnon : « Accepter sa bêtise, c'est indispensable pour écrire, et peut-être aussi pour vivre », 9 février 2020.

17. Titre original : *Polanski, Horowitz. Hometown*, réal. Anna Kokoszka-Romer et Mateusz Kudla, 2021.

ainsi sauvé pendant la guerre, Roman Polanski, avec une pudique émotion, décrit exactement cela :

> Elle avait cet amour paysan du monde. Elle aimait tout : les fleurs, les enfants.

Où l'on saisit une racine commune de l'art et de la vie, puissamment irriguée chez Roman Polanski.

L'amour, en ce sens, mais également une sorte de saisissement surmonté face à l'« inquiétante immensité » qu'évoque Freud dans une lettre à Stefan Zweig, admirant l'écrivain qui « écoute et qui lutte de manière bienveillante et avec tendresse afin d'avancer dans la compréhension de l'inquiétante immensité[18] ». « C'est énorme la vie, quand même. On se perd partout. » Et là, c'est Céline – malgré tout.

Filigrane : de la falsification

Il y a les sensations et les émotions fondamentales qui vous relient au monde.

Il y a les circonstances d'une destinée, prise dans l'« anonyme rouleau[19] » de l'histoire des hommes.

Tout cela s'entrelace. Non pour faire d'une œuvre le déversoir du « misérable petit tas de secrets » (supposés)

---

18. Stefan Zweig, Sigmund Freud, *Correspondance*, trad. Gisella Hauer, Didier Plassard, Paris, Rivages, 2012, p. 58.

19. Vladimir Nabokov, *Autres rivages*, trad. Yvonne Davet, *Œuvres romanesques complètes*, Paris, Gallimard, « La Pléiade », t. 2, 2010, p. 1161.

de son auteur – fantasme de voyeur –, mais, ainsi que l'écrivait Vladimir Nabokov, « imprimant certains filigranes compliqués, dont le dessin absolument unique devient visible lorsqu'on fait luire la lampe de l'art à travers le papier ministre de la vie[20] ». Dès lors ce « filigrane » irréductiblement singulier, fruit des hasards de l'existence, donne à lire à tous, dans une intensité renouvelée, des questionnements qui concernent n'importe qui.

Le filigrane ici, que nous donne-t-il à méditer ?

S'il est une chose dont Roman Polanski a eu à faire, sous plusieurs formes, l'expérience funeste, c'est le pouvoir destructeur de la falsification érigée en norme.

Précisons.

Dès ses premières années, le monstrueux mensonge nazi, la stupéfiante puissance de persuasion de l'antisémitisme exterminateur allant de pair avec sa terrifiante entreprise d'assassinat de masse ont fait effraction dans sa jeune existence précocement endeuillée, comme tant d'autres alors. D'improbables hasards et rencontres ont sauvé sa vie. Ses ressources propres dans l'adversité ont sauvé son esprit.

Alors qu'il est désormais un homme et un artiste reconnu, son épouse enceinte est assassinée par les adeptes d'une secte hippie, la tristement célèbre famille Manson. Dès lors, sans rien savoir – et même après que le crime a été élucidé –, démultipliant en quelque sorte l'imposture sectaire, répandant comme une peste les miasmes de la démence

---

20. *Ibid.*

criminelle de la famille Manson, les médias tels des vautours se jetèrent sur Polanski, fabriquèrent sans vergogne toutes sortes de fables dépeignant l'auteur de *Rosemary's Baby*[21] en personnage maléfique, pour au bout du compte insinuer que évidemment « Sharon devait mourir ». Nous examinerons cela. Cette fois, et pour longtemps, Polanski se voyait visé par des affabulations monstrueuses, nommément, et non plus dans le flot d'une persécution de masse, même si les relents d'un antisémitisme inavouable – quoique récemment flagrant, et d'obscène façon[22] – continuèrent de rôder obscurément autour de lui.

Quelques années plus tard, une plainte pour viol fut déposée après une relation sexuelle que Polanski eut avec une jeune fille de presque quatorze ans, Samantha Geimer[23] ; infraction reconnue par Polanski. Lors du procès qui s'ensuivit pour relation sexuelle illicite avec une mineure, ainsi que fut requalifié le chef d'accusation en accord avec la partie adverse, procès dans lequel Polanski plaida coupable, la forfaiture d'un juge américain, dealer et junkie de récits médiatiques, ouvrit tout grand les portes d'un monde de faits et de vérités alternatifs. Dans le sillage de cette affaire regrettable, des accusations plus invraisemblables les unes que les autres se mirent à proliférer contre Roman Polanski, de la part de différentes femmes, certaines d'entre elles, anonymes, étant recrutées par un site dédié. Pas une de ces allégations ne reposait sur le

---

21. Film sorti en 1968.

22. Voir Sabine Prokhoris, *Le Mirage #MeToo, op. cit.*

23. De son nom de jeune fille Samantha Gailey.

début de l'ombre d'une preuve. Mais la conviction qu'elles entraînèrent dans une frange de plus en plus large de l'opinion publique se forma par l'étrange opération intellectuelle que voici : déduire la réalité effective des viols de la nature « violeuse » de Polanski posée en préalable, démontrée par le « viol » initial de Samantha Geimer – selon la version qui s'est imposée après coup comme « vérité » officielle quant à cet épisode confus, au mépris autant de la qualification des charges retenues dans cette affaire que des protestations répétées de Samantha Geimer contre l'acharnement envers Polanski et l'instrumentalisation de l'affaire. Une méthode à l'évidence infaillible. Le pommier produit des pommes, et le violeur des viols : CQFD. Inutile par conséquent d'aller chercher plus loin que ce raisonnement circulaire. Se soucier de l'établissement des faits ? Se préoccuper de la réalité et même de la simple vraisemblance ? Pour quoi faire ! *A fortiori* si l'« éthique féministe », pourvoyeuse d'une « objectivité[24] » de substitution détachée des conditions normales de la vérité car assujettie à des « valeurs » supérieures, et en conséquence confectionnée sur mesure pour les besoins de la cause, garantit la véracité d'accusations qui auront ainsi la puissance de sorts. Efficience qu'activera avec entrain la sphère médiatique.

---

24. La philosophe féministe Sandra Harding a ainsi créé le concept d'« objectivité forte », qui signifie que la vérité en elle-même ne se suffit pas, et que les personnes concernées par une lutte seront plus « objectives », dès lors qu'il existe une morale supérieure qui détermine leurs prises de position.

Cette connaissance soufferte des pouvoirs ravageurs des « vérités » alternatives est sans doute une des sources les plus profondes du cinéma de Polanski. Dans sa facture scrupuleusement exigeante quant aux moyens de la justesse comme dans certaines de ses thématiques récurrentes. L'on comprend qu'il y ait là quelque chose d'essentiel. En ruinant irrémédiablement la distinction du mensonge et de la vérité, un univers de « vérités » alternatives engendre en effet un univers total, sans extériorité : la dystopie intégrale d'une hallucination réalisée qui, tel un trou noir, absorbe et détruit le réel autant que l'imaginaire, de part en part gangrenés. La réalité tout entière devient irrespirable cauchemar, un cauchemar dont il n'est pas possible de se réveiller. Nulle issue.

Or précisément, et de façon très nette chez Polanski, l'œuvre d'imagination – la fiction – recrée un espace autre, libre de cette malédiction. Non en s'en détournant pour la fuir, mais en l'affrontant, tel Persée piégeant dans son bouclier étincelant le regard effroyable de Méduse. Capturer dans le miroir inventif de l'imaginaire le reflet de cette horreur donnera les moyens d'en déjouer le pouvoir mortifère, ainsi retourné contre lui-même. La veine fantastique où excelle Polanski – dans laquelle d'aucuns ont inconsidérément cru déceler la monstruosité du cinéaste, sans voir que c'est la leur qu'ils projetaient alors – accomplit ce tour de force de façon particulièrement subtile et vive. En jouant délibérément, mais dans le champ de la fiction, avec la frontière poreuse entre l'imaginaire fantasmatique et le monde réel, parfois jusqu'aux abords du point de non-retour pour les personnages d'un film, et jusqu'à la limite du vertige pour le spectateur troublé, en distillant savamment la sensation de chaos pétrifié où monte l'angoisse de claustration dans un univers qui tourne en toupie sur lui-même, mais en donnant de quoi en désamorcer l'emprise – par l'humour notamment, antidote souverain des mystifications en tout genre –, l'œuvre fantastique permet une invincible échappée. Proprement vitale pour Polanski, on le conçoit. Ainsi peut se rouvrir, dans le monde réel cette fois, régénéré par l'oxygène de la fiction, une circulation menacée d'occlusion entre ces deux registres – celui de la réalité, celui de l'imaginaire –, qu'écrase l'un et l'autre et que dénature le cancer absolutiste des « vérités » alternatives, pourvoyeuses de *brave new worlds* plus sinistrement destructeurs les uns que les autres. Ce n'est pas sans motif que l'autobiographie de Roman Polanski commence ainsi :

> Du plus loin que je me souvienne la frontière entre l'imaginaire et le réel a toujours été désespérément brouillée pour moi.

Désespérément. Mais pourtant, seul espoir. « Imagination morte. Imaginez », écrivait Beckett. Alors la frontière à nouveau se dessine, et la joie libre du saute-frontière.

Ce souci de faire renaître et de transmettre le vrai par la puissance indomptée de l'imagination croise chez Polanski une interrogation récurrente sur les figures du destin : hasards salvateurs ou au contraire porteurs de malheur, coïncidences troublantes au sens indécidable, offertes aux risques et périls de l'interprétation, « vertige » secret « qui donne la tentation du malheur[25] » pour y précipiter irrésistiblement, *versus* ressources inépuisables pour contrer ses décrets. À un carrefour, tout comme Œdipe, le père de Tess, paysan pauvre, croise celui qui presque par jeu lui révélera qui il est – un descendant des nobles d'Uberville ; le malheur pour Tess s'ensuivra, d'autant plus absurde que les « parents » fortunés chez qui l'enverra sa famille n'en sont pas – faux d'Uberville, mais authentiques parvenus. Trelkovsky par hasard loue un appartement maudit ; il plongera à corps perdu, touchant, comique aussi dans sa performance finale passionnée, dans le destin terrifiant de la locataire qui l'a précédé. Dans l'immensité d'une lande déserte, Macbeth tombe sur les sorcières de la destinée ; il sera irrésistiblement aspiré par ce dont il n'a en réalité pas réellement compris le sens. À l'inverse, Wladyslaw Szpilman – qui n'est pas quant à lui un personnage fictif – devra au bout du compte la vie à la plus improbable des rencontres : un officier allemand, sensible à la musique et à son sort de Juif traqué, un homme bon tout simplement, l'aidera secrètement à survivre.

La tension entre ces deux réalités – une indéfectible vitalité sensible et émotionnelle, pierre de touche du vrai ;

25. Citation extraite du film *Tess*.

l'épreuve, réitérée pour Polanski, d'une déraison haineuse méthodiquement appliquée à dissoudre le réel, pour que rien ne fasse plus obstacle à ses dévastations – forme un prisme à travers lequel son regard de créateur travaille et que, de façons variées et plus ou moins directes dans certaines œuvres, souvent de façon hautement burlesque, son cinéma met en abyme. Peut-être est-ce là sa force la plus remarquable, et son apport le plus précieux aujourd'hui : éclairer comme par une lanterne sourde magistralement maniée, sans promesse – fallacieuse – de certitude, la vérité sur l'imposture. Et aiguiser, par son art, notre discernement en la matière.

« Dès qu'une cause détermine tout, il n'y a plus de place pour la fiction (ou l'histoire ou la science), dont le propos n'a rien de commun avec la propagande[26] », notait Philip Roth. Plus de place pour la vérité en d'autres termes, quels que soient les chemins par lesquels l'on s'emploiera à en dégager les contours, avec patience, exactitude mais aussi modestie, car nulle vision totalisante n'est à espérer dans ces entreprises – fiction, science, histoire, mais aussi journalisme véritable –, qui se développent chacune selon des modalités et des méthodes propres.

Combien de crimes, de trahisons abjectes, n'ont-ils pas été commis au saint nom des grandes causes, ajouterons-nous.

26. Philip Roth, « Explications », trad. Lazare Bitoun, in *Pourquoi écrire*, *op. cit.*, p. 534.

Notre enjeu ici : contribuer, dans les pages qui vont suivre, à une réflexion, plus que jamais urgente, sur ce que Salman Rushdie appelle les « langages de vérité », de toutes parts mis en péril par les langages du *fake*, dont il importe de mettre au jour les logiques empoisonnées.

Le paradoxe shakespearien

Nous avons l'impression de voir beaucoup plus de choses que nous n'en voyons effectivement, parce que nombre d'impressions visuelles passées sont emmagasinées dans notre cerveau.

Roman Polanski

L'imagination, ce sixième sens

Terrorisée, Blanche-Neige court à travers la forêt. Elle court, elle court, hors d'haleine, elle court, affolée dans la nuit hostile, s'enfonce dans la forêt peuplée d'ombres menaçantes, des formes fantasmagoriques fondent sur elle tels des oiseaux de proie, les branches des arbres sont des serres de sorcière, veulent l'agripper, elle s'en arrache, elle court encore, les serres, à nouveau. Ce sont les doigts griffus de la reine jalouse ; sa haine furieuse, meurtrière, ne saurait la lâcher, la poursuit, environne de toute part sa course éperdue. Ces mains malfaisantes sont l'épouvante de Blanche-Neige, dans le dessin animé de Walt Disney sorti en 1937[1].

1. Avant que les sept nains ne soient remplacés, dans le remake dont la sortie est prévue en 2024, par des « créatures magiques », histoire de ne point « offenser » les « personnes de petite taille ». D'ailleurs Blanche-Neige « ne

Des mains terrifiantes surgissent de murs qui se fissurent dans un couloir sombre, soudain forêt obscure : l'infinie panique cette fois de Carol (Catherine Deneuve) s'abîmant toujours plus loin, jusqu'au crime, dans une folie sans retour. Incroyable scène dans *Répulsion*[2], d'un réalisme sensoriel et émotionnel saisissant, à mille lieues assurément de toute métaphore : nous plongeons au cœur de la terreur de Carol. Car Carol voit et sent *vraiment* ces mains qui s'abattent sur elle[3], comme Hamlet *voit vraiment* le spectre de son père dans le film de Laurence Olivier fidèlement adapté de la pièce de William Shakespeare, ou comme Macbeth *voit vraiment* celui de Banquo ensanglanté, dans *Macbeth* de Roman Polanski – qui a vu « une vingtaine de fois », dit-il, le film de Laurence Olivier[4]. L'imaginaire hanté par un savoir insu envahit la réalité : dans le *Hamlet* de Laurence Olivier, le spectre du roi assassiné apparaît aux compagnons de Hamlet, puis à Hamlet à qui il confie la vérité sur sa mort. Une vérité escamotée, noyée dans les brumes du mensonge, pressentie pourtant par le jeune prince. La reine Gertrude, quant à elle,

---

sera pas sauvée par le prince et ne rêvera pas de trouver son grand amour » (ouf !), selon l'actrice colombienne Rachel Zegler qui l'incarnera.

2. Film sorti en 1966.

3. Dans *Le Locataire* aussi (1976), des mains gantées de noir jaillissent de la fenêtre maudite qui obsède Trelkovsky, le jeune homme esseulé joué par Roman Polanski. Et ses propres mains, dans un moment de terreur panique, le saisiront à la gorge.

4. Sous l'influence duquel il a lu avec passion toutes les pièces de Shakespeare, tentant « d'imaginer ce qu'elles donneraient au cinéma », *Roman par Polanski*, *op. cit.*, p. 98.

ne voit ni n'entend rien. Dans la scène entre Hamlet et sa mère qui l'a mandé dans la chambre, le spectre au pas lourd apparaît à nouveau, le cliquetis de son armure en avertit Hamlet et le spectateur, qui, avant même de voir le fantôme, l'imagine dans le regard irrésistiblement aimanté du prince. Hamlet et le spectateur perçoivent la présence souveraine du spectre, ils le *voient.* Pas la reine Gertrude. On le comprend à son expression désorientée ; s'entrecroisent dans cette séquence du film de Laurence Olivier, qui traduit dans sa littéralité visuelle et dramatique la scène de Shakespeare, des plans vers le seuil où le spectre se tient, tantôt du point de vue de Gertrude – il n'y a personne –, tantôt du point de vue de la « folie » de Hamlet – l'esprit en armes est bien là, matérialisant l'injonction « Souviens-toi ! ». Il guide le fils tourmenté et lui demande d'épargner sa mère dans la tâche de vengeance.

Or qui fuit la réalité ? Qui ne veut rien savoir de la vérité ? C'est bien la reine Gertrude, pareille aux trois singes de la légende. Elle n'a rien voulu voir, rien voulu savoir du crime. Et sa bouche restera close sur ce forfait. Sa perception supposément normale, raisonnable ? L'image exacte de son déni. Et qui voit le vrai ? Le prince qui « parle à l'air immatériel ». Tel est le profond, l'admirable, paradoxe shakespearien[5].

Ajoutons que dans *Hamlet*, c'est par une scène de théâtre dans le théâtre, sertie au cœur de la pièce – alors double lieu, réflexif, de vérité –, que sera représenté l'assassinat

---

5. Dans la pièce de Shakespeare, acte III, scène IV.

du roi – et très littéralement : l'épisode du poison dans l'oreille, versé par le frère usurpateur. Avant la représentation qui déchirera le mensonge sur la mort du roi, Hamlet/Shakespeare donne aux comédiens ses directives : ils devront non point, par de grossiers artifices, « singer » la réalité, mais servir avec justesse l'intention du théâtre, qui est de « présenter pour ainsi dire un miroir à la nature ». L'illusion théâtrale : lieu de vérité. Cela vaut bien sûr pour le cinéma.

Qu'a vu Carol un jour ? Quel noyau de vérité tapi au fond de son regard halluciné sécrète et dévide ses fils pour tisser l'étoffe de ses visions fantastiques ? Cela demeurera dans *Répulsion* une énigme, vertigineusement suggérée : le long générique d'ouverture, qui évoque à certains égards *Vertigo*[6], film de regards et de fantômes, part du plus profond de la pupille de Carol filmée au plus près – l'on ne discerne pas immédiatement ce que l'on voit –, peu à peu le plan s'élargit, l'œil apeuré de la jeune femme nous apparaît, en gros plan. Sa peur est visible, mais rien de ce qui l'a déclenchée – nul flash-back explicatif. On ne sait pas – elle non plus peut-être – ce qu'elle a vu/vécu, hors d'elle/en elle. En un mouvement inverse de celui du début, le film se clôt sur l'impénétrable mystère dont s'enveloppe ce qui aura capturé le regard voilé d'horreur de Carol. Horreur en crue, qui

6. Alfred Hitchcock (1958). D'autres moments du *Locataire* évoquent également *Vertigo,* notamment certains plans en plongée sur l'escalier de l'immeuble.

a peu à peu envahi l'appartement dévasté. Et l'on s'immerge de plus en plus profondément dans l'œil d'une fillette sage – Carol enfant – qu'on a vue fixer l'objectif pour la photo banale posée sur un guéridon. On plonge, jusqu'à quasiment se noyer dans le puits sombre de sa pupille – la pupille, miroir de l'âme pour les Anciens, « porte sur l'esprit[7] » nous disent les chercheurs contemporains – par où la lumière pénètre pour frapper sa rétine. N'y aurait-il pas là aussi, d'une certaine façon, une figuration de l'œil du cinéaste se faisant (et nous faisant) *voyant(s)* ?

> Je dis qu'il faut être *voyant*, se faire *voyant.*
> Le poète se fait *voyant* par un long, immense et raisonné *dérèglement de tous les sens.* Toutes les formes d'amour, de souffrance, de folie ; il cherche lui-même, il épuise en lui tous les poisons, pour n'en garder que les quintessences. Ineffable torture où il a besoin de toute la foi, de toute la force surhumaine, où il devient entre tous le grand malade, le grand criminel, le grand maudit, – et le suprême Savant ! Car il arrive à l'inconnu ! Puisqu'il a cultivé son âme, déjà riche, plus qu'aucun ! Il arrive à l'*inconnu* ; et quand, affolé, il finirait par perdre l'intelligence de ses visions, il les a vues[8] !

—

7. https://www.observatoire-groupeoptic2000.fr/reperes/focus-actualite-sante-visuelle-auditive/la-pupille-bien-plus-quun-diaphragme/
8. Arthur Rimbaud, *Lettre du voyant* (1871).

Homère aveugle, selon la légende – comme le devin Tirésias –, cela signifie simplement que leur regard rencontre l'inconnu, en son inépuisable opacité.

En reliant avec force le monde à la façon dont un regard l'investit, l'imaginaire intensifie le réel, en déplie les couches les plus secrètes, donnant forme et figure aux vérités les plus méconnues, et aux possibles les plus improbables. Dans l'imaginaire, nulle évanescence, mais l'acuité d'une perception plus vive du monde environnant, au filtre des manières dont il résonne à travers cet indémêlable « galimatias de cordes vibrantes et de fibres sensibles[9] » que nous sommes, chacun singulièrement. C'est là non seulement une condition de l'acte artistique, mais aussi une donnée fondamentale de l'expérience humaine, qu'explore le cinéma de Polanski : qu'est ce filtre, justement, ou ce miroir vivant ? S'il est tout, le monde se dissout. S'il est nié, plus rien d'humain n'existe. Dans les deux cas, en leur fond identiquement négationniste, carrière illimitée pour les univers falsifiés.

Faire des films – raconter visuellement – est sans doute chez Polanski une façon de matérialiser le questionnement infini sur l'insondable mystère de ce filtre. Un questionnement qui opère d'une manière très précise, car il passe par des choix particulièrement concrets quant à ce qui sera donné à voir. Rien sans doute de façon plus troublante que les fugaces plans de miroirs dans quelques films de

---

9. Formule de Denis Diderot dans *Le Rêve de d'Alembert.*

Polanski ne signale l'enjeu de cette quête de la vérité sur le filtre – sur l'étrange miroir animé que nous sommes. Une quête qui n'admet nulle réponse pleine et entière mais contraint au « partage de l'incertitude », selon le mot de Freud sur ce qui réunit l'artiste et l'interprète[10]. Zone exacte autant qu'indécise de l'« inquiétante étrangeté » – du plus intimement familier qui est aussi le plus étranger. Le jeune Oliver Twist s'effraie de son image soudain réfléchie par un miroir dans l'atelier de cercueils où il a dû dormir ; Corso poursuivi par un patibulaire personnage de Noir peroxydé ne sait plus qui ni où il est – et nous non plus –, capté(s) par son reflet dans la vitre du café où il s'est réfugié. Quant aux vampires, strictement rien dans les miroirs : preuve qu'ils en sont (de vrais vampires), et… qu'ils n'existent pas. Rire et angoisse ensemble. Forcément !

C'est pourquoi par exemple vouloir trancher la question de savoir si, dans *Rosemary's Baby*, Rosemary est en proie à un délire paranoïaque ou si réellement ses voisins et l'inquiétant Dr Sapirstein sont maléfiques est une entreprise vide de sens. L'ambiguïté savamment distillée par Polanski, comme dans les scènes du *Locataire* où Trelkovsky voit ses voisins immobiles dans les toilettes d'en face, nous dit que, *dans la fiction*, c'est réel. Et la fiction en l'occurrence comprend différents plans, distincts – le rêve de Rosemary, mais aussi des éléments de sa perception quotidienne, petit à petit transformés par sa

10. Sigmund Freud, « Le *Moïse* de Michel-Ange » (1914), trad. Bertrand Féron, in *L'Inquiétante Étrangeté et autres essais*, Paris, Gallimard, 1985, p. 123.

peur –, qui se tressent ensemble pour produire la sensation d'angoisse, doublée d'un plaisir spécifique : celui, intensément ludique, qu'engendre la fiction.

De cette allégresse de la fiction, l'indépassable modèle reste sans doute le *Don Quichotte* de Cervantès, sa seconde partie en particulier, dans laquelle le héros du roman rencontre « pour de vrai » les lecteurs de ses aventures. Ces authentiques lecteurs font de Don Quichotte un personnage on ne peut plus réel ; mais comme nous sommes toujours et encore dans le roman, les lecteurs deviennent pareils à Don Quichotte, le héros lui-même lecteur convaincu de romans de chevalerie. Ainsi entrent-ils dans le roman à titre de personnages. Point besoin du démon pour de tels chassés-croisés entre l'imaginaire et le réel. La vie y suffit, celle de Cervantès du reste, grand lecteur et écrivain – homme d'imagination, donc – en même temps qu'homme d'action[11], en témoigne amplement. Quoi qu'il en soit, à défaut de Belzébuth, *Don Quichotte* fera une apparition dans un autre opus de Polanski[12], sous forme d'une inestimable édition originale de ses aventures véridiquement merveilleuses.

Pour en revenir à Rosemary, rien de ce qui advient dans le film n'a de sens caché (ou manifeste) théologico-démonologique, bien sûr, contrairement à ce que certains

---

11. Né en 1547, l'auteur de *L'Ingénieux Hidalgo Don Quichotte de la Manche* et des *Nouvelles exemplaires* a mené une vie aventureuse : soldat, il a participé à la bataille de Lépante où il a perdu l'usage d'un bras, ensuite il a été capturé par les Barbaresques, attribué comme esclave à Alger, d'où il a tenté plusieurs fois de s'évader. Il a finalement été racheté.

12. *La Neuvième Porte* (1999).

en mal de frissons « diaboliques » ont voulu croire, pour de curieuses raisons, comme on verra. Il ne s'agit que de ceci : ce que figure le « diable » pour Rosemary dans la fiction fantastique est indubitablement réel. Les glissements, dans le registre même de la fiction, entre fantasme et réalité matérielle, comme le trouble que ces passages induisent, signalent, en une mise en abyme puissante, l'oscillation qui peut nous saisir parfois face à ce qui du réel dans ce qu'il peut avoir par moments de monstrueux nous aimante, mais qu'en même temps nous voudrions fuir et ne pas voir : déréaliser en somme.

Viennent alors à l'esprit ces mots de l'écrivain André Siniavski :

> Regardez, rendez-vous à l'évidence : c'est bien la *réalité* que vous ignorez et que vous désignez dédaigneusement du nom de fantastique[13].

En ce sens, on pourrait considérer que chez Polanski l'univers du conte fantastique (ou, plus troublant encore, semi-fantastique) constitue le substrat de son cinéma tout entier. Tout à la fois parce que le fantastique crée une perspective perspicace sur une dimension de la réalité non pas occulte, mais occultée, et parce que s'y construit une réflexion – au sens propre autant que figuré – sur le regard et sur ses filtres sédimentés, rendus en quelque sorte visibles. Ni *Chinatown*, ni *Le Pianiste*,

13. André Siniavski (Abram Tertz), *Bonne nuit !*, trad. Louis Martinez, Paris, Albin Michel, 1984, p. 196.

ni *Lunes de fiel*, ni même *The Ghost Writer*, pas davantage *La Jeune Fille et la Mort*, ou *J'accuse* – autant de thrillers psychologiques mettant en scène, de différentes façons, une implacable traque de la vérité –, et encore moins l'élégiaque *Tess*, n'appartiennent au registre fantastique, certaines de ces œuvres sont même inspirées d'événements réels. Pourtant, la question des filtres telle que la travaillent très directement les films fantastiques de Polanski, où sont mises à nu les fragiles conditions de la vérité, si exposées à l'anéantissement, structure de part en part ses films les plus explicitement réalistes. Filtres qui chez les grands artistes, et avec une particulière évidence chez Roman Polanski, sont des sortes de scanners vivants, frémissants d'images captées ici ou là devenues capteurs pour former le lexique et la syntaxe d'un langage de vérité.

Résurgence alors, dans la scène d'effroi de *Répulsion*, de la très brève séquence du début de *Blanche-Neige* où fusent ces images de fourrés ensorcelés ? Qui sait ? Quoi qu'il en soit, intenses et fugitives, des images dormantes, fragments prêts à reprendre vie, circulent, impalpables, entre les uns et les autres. Loin d'être des « ombres sans force », elles ont une matérialité, qu'accomplit pleinement le grand cinéma : le mot « réalisateur » prend alors tout son poids ; on pourrait aussi bien dire « matérialisateur ». Avec ces éclats, qui ne sont nullement les pièces d'un puzzle donné d'avance, des univers en mouvement se composent et font sens. Habités comme chez tous d'images rémanentes nichées pour les plus vives dans les plis germinatifs de l'enfance, nos yeux palimpsestes revoient en un éclair, comme en surimpression, dans les mains horrifiantes jaillissant du mur de *Répulsion*, les mains impitoyables de la forêt toute féroce de *Blanche-Neige* aux abois. On imaginera, sans nulle certitude bien sûr, que ces images naïves, d'une pure justesse pourtant pour dire le cauchemar de la traque[14], et l'angoisse qui aiguillonne l'impératif de survie, s'imprimèrent jadis dans l'âme neuve de l'enfant[15], laissant dans son regard, plaque sensible du monde, en sa beauté comme en sa fureur, une empreinte d'autant plus vivace peut-être qu'elle rencontrait une expérience bien réelle. Une expérience insensée, nécessairement démesurée, celle de l'enfant du ghetto de Cracovie. C'est ainsi que les univers imaginaires – ici la *Blanche-Neige* de Walt Disney, qui appartient à un fonds commun à tous –, capables, là est le miracle, de relier les humains les uns aux autres, permettent de lire et de

---

14. Le film de Carol Reed *Huit heures de sursis* (*Odd Man Out*, 1947) fait du reste également partie, Roman Polanski l'a souvent dit, des films qu'il a vus et revus un nombre incalculable de fois.

15. L'historien Carlo Ginzburg évoque ce type de résurgence mystérieuse, s'agissant de son propre travail : « Je me souviens d'une histoire de Luigi Capuana, un écrivain sicilien naturaliste de la fin du XIXe siècle. Il décrivait une petite fille qui entrait dans une pièce où il n'y avait personne. Soudain, elle voyait un petit homme coiffé d'un turban surmonté d'une énorme plume (il y avait une illustration). On tournait la page et ce petit homme, Gomitetto, devenait un loup-garou, attaquant la jeune fille. Ce qui m'a frappé, c'est que des années plus tard, j'ai commencé à travailler sur les loups-garous. En somme, il y a une continuité. » Entretien avec Carlo Ginzburg, propos recueillis par Nicolas Weill, *Le Monde*, 3 octobre 2022.

cartographier un monde réel qui sans cette précieuse et fantasque boussole ne serait que chaos.

Les canaux de la vitalité

« Il semble que les événements sont plus vastes que le moment où ils ont lieu et ne peuvent y tenir tout entiers », écrivait Proust. La suite du destin de Roman Polanski donne sa valeur pleine et entière à cette notation si profonde, que l'on ne peut dissocier de l'urgence artistique. Où il s'agit d'ouvrir, à même le monde réel, l'espace indestructiblement libre d'un univers d'imagination, comme dans ces rêves où l'on découvre dans un lieu qu'on croyait exigu des pièces immenses, insoupçonnées. « L'art et la poésie, la fantaisie et l'imaginaire m'ont toujours paru plus réels que les étroites limites du monde dans lequel j'ai grandi dans la Pologne communiste[16] » – autre *brave new world* –, écrit-il aussi dès la première page de son livre *Roman par Polanski.*

L'imagination alors ? Non pas une fuite éthérée hors du monde, mais la capacité à y tracer des chemins praticables, respirables lorsque tout se referme et tend à vous asphyxier. Ressource souterrainement reliée à cette immarcescible part d'enfance tapie en chacun de nous, invinciblement subversive, où puise l'aptitude à (ré)inventer *vraiment* le réel pour ne pas simplement en subir la

16. Roman Polanski, *Roman par Polanski*, *op. cit.*, p. 11.

brutalité. Et à travers cet acte, de recréer singulièrement – dans ses déterminations effectives mais *autrement* – le monde perçu en tout ce qui l'habite, palpite et grouille en lui, l'invisible affleurant ici et là à la surface du visible pour des yeux fertiles. Car l'enfant qui joue, toujours vivace, l'enfant qui joue et ainsi se joue de l'adversité, est cette source toujours neuve dont pourra jaillir une œuvre consistante. Et c'est, en chacun, la persistance de cette capacité à jouer – à s'amuser – qui seule pourra faire résonner avec justesse une œuvre rencontrée.

« Par moments les obstacles qui se dressaient sur mon chemin étaient tels que je n'eus pas trop de toute mon imagination pour simplement survivre[17] », écrit encore Polanski, quelques lignes plus loin. Nécessité clairement vitale d'imaginer, on ne peut plus clairement le formuler. Imaginer alors ? Une corde de rappel quand la paroi de la réalité est par trop escarpée. Un programme de vie et de survie. Garant aussi de la préservation, éminemment précieuse, de la mémoire vivace de ce qui fut : « Toi qui as une imagination vive, tu peux voir l'enfant de cinq ans, penché à ce balcon », dit Roman Polanski à Ryszard Horowitz dans leur déambulation à travers Cracovie, lorsqu'il évoque une scène de sa prime enfance, où sa mère disparue est présente, bien vivante.

Cette entreprise d'imagination – un travail de précision – passera chez Polanski par des moyens fermement adossés à une science à la fois intuitive et très précisément

---

17. *Ibid.*, p. 12.

informée du fonctionnement matériel et psychique de nos perceptions, visuelles en premier lieu[18]. Où l'imaginaire, très concrètement, s'appuie pour déployer ses univers sur les contraintes de la réalité. Tout autre chose que de lui tourner le dos, ou de chercher à lui substituer un univers factice.

Ajoutons, constant chez Polanski y compris dans ses films les plus tragiques, l'humour, explosant dans mille détails. L'humour, ce « don précieux et rare » – antidote le plus radical de toute mystification –, qui signe une attitude, n'en déplaise aux grincheux, d'une insigne grandeur morale, à mille lieues de toute étroitesse moralisatrice face aux vicissitudes de l'existence. Relisons quelques mots, extraits d'un court texte d'une lumineuse profondeur, où Freud, en une vue pénétrante libre de toute visée édifiante, soutient cette position inattendue selon laquelle « l'humour serait la contribution au comique par la médiation du surmoi » – c'est-à-dire par ce qui agit en nous comme l'instance morale, autrement dit l'instance parentale intériorisée, adulte pour le coup. Sa dimension « grandiose », dit aussi Freud, consiste en ceci que « le moi se refuse à se laisser offenser, contraindre à la souffrance par les occasions qui se rencontrent dans la réalité ; il maintient fermement que les traumatismes issus du monde extérieur ne peuvent l'atteindre ; davantage : il montre qu'ils ne sont pour lui que matière à gain de

---

18. Dans son autobiographie, Roman Polanski évoque sa lecture du livre passionnant de Richard L. Gregory, *L'Œil et le Cerveau.*

plaisir. Ce dernier trait est pour l'humour tout à fait essentiel[19] ». Alors se noue, au plus secret de qui sait mobiliser la ressource de l'humour face aux épreuves, une sorte de dialogue silencieux entre l'enfant en lui qui désire jouer et l'adulte bienveillant qui le console et le protège de la dureté du monde : « Regarde, voilà ce monde qui paraît si dangereux. Un jeu d'enfant, tout juste bon à faire l'objet d'une plaisanterie. » Plaisanterie qui non pas supprime ni même ne désamorce la réalité, mais permet de triompher des cruautés qu'elle inflige. Plus encore peut-être lorsque les figures protectrices intériorisées ont été, dans la réalité, précocement perdues, car en maintenir sous cette forme la présence en soi est une façon non mélancolique, mais au contraire insolemment joyeuse, de les garder indestructiblement vivantes. Nul assassin n'aura réussi à tuer leur âme !

Mensonges aux trousses

De façon cette fois métaphorique, et après coup, ces mains odieuses pourraient figurer, surgissant inopinément pour prendre le cinéaste au collet, les assauts répétés d'une haine irrationnelle qui se déploie depuis tant d'années contre Roman Polanski – vindicte (et non Vénus !) « tout entière à sa proie attachée ». En chefs mercenaires dans cette guerre de l'opinion, les médias, omnipotents

19. Pour tous ces passages, voir Sigmund Freud, « L'humour », in *L'Inquiétante Étrangeté et autres textes*, trad. Bernard Féron, Paris, Gallimard, 1985, p. 321-328.

trafiquants de « récits » frelatés. L'absurdité et le mensonge – lequel a d'autres enjeux que la fiction et poursuit d'autres buts – se mirent en l'occurrence de la partie. La figure d'un Polanski haïssable – « une espèce de gnome méchant et débauché[20] » – a ainsi été forgée depuis de longues années. Nous avons évoqué cela au seuil de ces pages, et nous examinerons plus loin, dans le détail, comment cela s'est fait.

Il ne s'agit donc plus du tout là de cette porosité des frontières de l'imaginaire et du réel qui offre au regard ainsi rabouillé[21] une prise sur le vrai. Faire de Polanski la créature horrifique à abattre, « figure méconnaissable. Ni homme. Ni auteur », mais « plutôt une sorte de Brigand [de Violeur] majuscule[22] », relève d'une entreprise entêtée de destruction du réel, qui va de pair, et c'est également catastrophique comme nous l'avons signalé d'entrée de jeu, avec la désintégration de la sphère imaginaire, en son inaliénable pouvoir de dessillement, en sa capacité à « dire enfin des choses qu'il ne convient pas d'ébruiter[23] ».

Aux ravages de cette offensive du mensonge, Polanski fait allusion, dans une postface à son livre datée de 2015. Ayant noté que « la ligne qui sépare le réel de l'imaginaire » ne lui « apparaît en rien aussi trouble qu'autrefois »,

---

20. Roman Polanski, *Roman par Polanski*, *op. cit.*, p. 711.

21. « Rabouiller » signifie agiter l'eau d'un étang ou d'une rivière pour mieux attraper les écrevisses.

22. André Siniavski, *Bonne nuit !*, *op. cit.*, p. 75.

23. *Ibid.*, p. 109.

il en vient à évoquer l'épisode de son emprisonnement puis de son assignation à résidence à Gstaad en 2009[24], à la suite d'une demande d'extradition adressée à la Suisse par la justice de Los Angeles, l'affaire de 1977 n'ayant pas été soldée pour des raisons sur lesquelles nous reviendrons un peu plus loin. « Les contours du réel se troublèrent à nouveau, mais cette fois mon imagination n'y était pour rien », écrit Polanski. Et, fracturant la réalité, les flots boueux d'une fable délétère, dévotement, passionnément sacralisée par une opinion publique avide de scandale, se déversèrent dans son existence. La fable « sous sa forme la plus insidieuse, la plus infâme : celle du mensonge », écrit Polanski. Les effets dévastateurs d'un *storytelling* digne des plus mauvais films de série B s'abattirent sur lui et, partant, sur ses proches ; un « récit » broyant sans état d'âme la réalité, aux ressorts – et aux enjeux – assez voisins de ceux par lesquels se répandaient les imputations de meurtres rituels ou d'empoisonnement de puits visant les Juifs dans l'Europe chrétienne. Cet envahissement de nature à fissurer la raison, Emmanuelle Seigner le décrit avec clarté dans son livre. Son propos sans pathos, limpidement conduit : revenir aux faits, dépouiller la « légende noire », dire qui est cet homme, cet artiste, Roman Polanski. Lequel écrivait, dans la postface de 2015, à propos de l'affaire de 1977 à Los Angeles :

24. Dans son beau livre *Une vie incendiée* (L'Observatoire, 2022), Emmanuelle Seigner relate cet épisode et ses conséquences ravageuses. Sur ce livre, voir mon article « Aimer la vérité », *Revue des Deux Mondes*, 7 novembre 2022.

> On pouvait espérer, en effet, que le temps finirait par atténuer quelque peu les séquelles de cette affaire. […] Hélas, c'est le contraire qui se produisit : ayant troublé le contour des faits, le passage des années leur substitua couche après couche une « légende noire ». Personne ou presque n'interroge plus la réalité, si éloignée et si complexe […]. Vrai ou pas vrai, on s'en fiche, pourvu que ce soit plus bref, et plus sexy que les faits[25].

La « confondante réalité des choses »

Évoquant dans son livre le tournage de *Chinatown*, Polanski explique comment il a tourné la célèbre scène du nez coupé :

> Le responsable des effets spéciaux, Logan Frazee, avait commencé par suggérer que nous nous servions d'un maquillage, en l'occurrence une fausse narine. Mais j'écartai cette idée, car je voulais que le trucage repose sur une illusion et non sur un artifice[26].

Cette subtile exigence de Polanski, concernant une scène précise, condense les enjeux que nous nous proposons d'éclairer : les conditions du vrai ; les subterfuges du faux.

---

25. Roman Polanski, *Roman par Polanski*, *op. cit.*, p. 721.
26. *Ibid.*, p. 565.

Précisons pour commencer ceci.

Bien entendu, l'usage d'artifices, pour créer ou recréer, et parvenir à rendre consistants et véritablement crédibles les univers projetés sur un écran, est consubstantiel au cinéma. Jamais Polanski, passionné par les techniques qui rendent possible la fabrication des films, n'a lésiné sur les artifices et effets spéciaux nécessaires afin d'obtenir exactement ce qu'il désirait que l'on voie à l'écran. Cela quel que soit le genre de films qu'il ait mis en scène, des plus traversés par des éléments fantastiques aux plus scrupuleusement réalistes, que ces derniers relèvent de la pure fiction ou s'inspirent d'événements historiques. La dague insaisissable qui flotte dans l'air et, telle l'étoile du Berger, ironie, guide Macbeth vers la chambre du roi Duncan : effet spécial – en tout point fidèle à la vision qui assaille Macbeth dans le texte de Shakespeare. Le ghetto du *Pianiste* est un décor, qui le reconstitue scrupuleusement d'après des photographies d'époque.

Que signifie donc ce propos ? Pourquoi, sur ce détail précisément, Polanski récuse-t-il l'utilisation d'une fausse narine – un artifice, tout comme d'ailleurs le sang de cinéma en est un –, nez factice que le personnage qu'il interprète pourrait trancher « pour de vrai » ? Sachant que, dans tous ses films, ce que vise et, avec une maestria sans pareille, parvient à obtenir Polanski est une acuité maximale quant à la vérité de ce qu'il met en scène. La vérité d'une situation, d'une émotion, tout sentimentalisme banni, la vérité enfin des états psychiques de ses personnages, si insondables puissent-ils nous apparaître.

Alors que veut éviter Polanski en optant sur ce point précis pour un effet d'illusion plutôt que pour l'usage d'un postiche – maquillage qu'au contraire il utilisera, non sans outrance même, par exemple dans son adaptation d'*Oliver Twist* pour créer, en s'inspirant des illustrations anciennes du livre de Dickens, le personnage inquiétant et touchant tout à la fois du criminel Fagin, qui arbore le nez juif des clichés antisémites, magistralement interprété par un Ben Kingsley presque méconnaissable ? Quel gain pour le film, et pour le spectateur ? Pourquoi ne s'agit-il pas là d'un caprice de réalisateur qui viendrait inutilement compliquer les conditions du tournage, mais d'un choix qui obéit à une nécessité propre à l'œuvre qu'il est en train de réaliser ?

Qu'est-ce qui importe dans cette scène du film – effrayante, mais également comique ? Est-ce vraiment le nez ? Ou n'est-ce pas plutôt la peur de Jack Gittes[27] – à cet instant il pourrait croire sa dernière heure venue –, en même temps que la violence sadique du petit malfrat interprété par Polanski ? Ajoutons que ce qui arrive au personnage interprété par Jack Nicholson va si vite qu'il ne le réalise sans doute pas instantanément – il ne voit pas son nez, bien sûr, et il est probable même qu'il ne sente rien sur le moment, comme c'est souvent le cas lors d'une blessure. La brutalité du choc a un effet anesthésiant, la douleur, comme la conscience de la partie du corps atteinte, survient en général après coup. C'est

27. Formidablement interprété par Jack Nicholson.

d'abord le flot de sang, comme déconnecté de la lésion, qui est perçu par un blessé[28]. Il s'aperçoit un peu plus tard que son bras par exemple gît à quelques mètres de lui. Si bien que ne pas montrer le nez entaillé met forcément le spectateur dans la peau de Gittes. Lequel voit en revanche le geste brutal du truand psychopathe. Montrer la narine tranchée, cela sonnerait faux, relativement à la cohérence d'un film où l'intrigue est conduite à partir du point de vue du détective, qui ne comprend pas grand-chose et peine à démêler le jeu obscur dans lequel son enquête se fait prendre à mille pièges.

Ainsi, lorsque la visée d'un metteur en scène, dans une œuvre de fiction, est de créer une scène pleinement réaliste[29], exacte, et porteuse d'une qualité d'émotion

---

28. C'est bien ce que rapportent les blessés de guerre, d'accidents ou d'attentats.

29. Il arrive aussi, lorsque l'enjeu artistique est au contraire de faire apparaître les ressorts de l'acte créateur lui-même, que l'artifice, au cinéma ou au théâtre, ne se dissimule pas comme tel. C'est le cas, et de façon ludique en même temps que désabusée, dans certains films de Federico Fellini par exemple, où l'artifice, visible, voire outré – la mer en plastique d'*E la nave va* –, nous invite au jeu de la transformation des objets par notre regard imaginatif incité à traverser les apparences, cela sans viser un quelconque réalisme de notre perception. De même dans la littérature, quand Don Quichotte conquiert le heaume de Mambrin, en réalité un vulgaire plat à barbe, le lecteur s'amuse, tout en pouvant lui aussi – s'il le désire assez fort et se montre capable de jouer *vraiment* – voir le heaume de Mambrin ; il sait – et en réalité Don Quichotte lui aussi le sait très bien – que le plat à barbe n'est pas un heaume, mais qu'il peut le détourner à sa guise en armure de géant, sans qu'il soit nécessaire pourtant que le plat à barbe cesse d'être un plat à barbe. Tout comme une fillette peut le temps d'un jeu transformer le corps oblong de sa poupée Barbie en téléphone portable, et tout enfant les draps tendus entre des chaises dans sa chambre en tente plantée au milieu du Sahara.

irrécusable – c'est bien le cas ici –, s'abstenir, à des moments qui ne sont nullement choisis au hasard, du recours à certains artifices[30], pour décider d'opérer autrement, ici en maniant plutôt l'art précis de l'illusion, est un moyen, subtil et raffiné, pour atteindre la justesse voulue.

Utilisé à bon escient, au service de cette justesse, le pur artifice a toute sa place. Mais s'il n'obéit qu'à la facilité et ignore la logique propre d'une situation, un artifice peut au contraire ruiner la vérité d'une scène – ou tout au moins l'affaiblir considérablement – en brisant la cohérence narrative du film. Non parce qu'il est un artifice, mais parce que ce qu'il conduit à percevoir est faux. De la même façon, le meilleur des comédiens ne parviendra jamais à rendre crédible une émotion factice ou une situation qui n'est pas juste.

Ajoutons que ce parti pris, dans la scène de *Chinatown*, signe également une façon d'impliquer le spectateur, à son insu mais très activement, dans la représentation de la réalité créée par l'œuvre, à partir de la situation réduite à ce qu'elle a d'essentiel : son intensité dramatique pure, qui tient à la relation entre les personnages, et à l'acte bien plus qu'à son résultat (que le pansement porté dans la suite du film par Nicholson fera clairement comprendre – sans le montrer). Dégraissée de tout ce qui pourrait diluer l'intensité de ces instants, la scène sera simplement vraie.

---

30. Parfois même utiliser, plutôt qu'un quelconque artifice, la réalité tout court : des fromages qui caillent goutte à goutte dans *Tess* par exemple, plutôt qu'un trucage compliqué et qui ne produira pas l'effet escompté. Polanski raconte cela dans l'un des bonus du DVD de *Tess*.

On ne donnera donc pas à consommer au spectateur une scène prémâchée, de surcroît encombrée d'éléments superflus, il lui reviendra d'imaginer lui-même la blessure infligée. La solution par un artifice (le nez postiche, donné pour le nez même du personnage), certes plus facile, s'avère surtout plus pauvre quant à la force de ce qu'il s'agit de transmettre. Cela parce que l'artifice serait, en l'occurrence, non seulement moins consistant que la réalité, non seulement faux quant au point de vue à partir duquel le film avance, mais également plus vide que l'illusion, moins apte à nourrir l'imaginaire du spectateur. Il en résulterait une vision affaiblie, frelatée même, qui évacuerait – et ainsi manquerait – tant le réel que le fictif.

Le chemin choisi par Polanski est tout autre. Il passe par un art consommé de l'ellipse, de nature à ouvrir, de la façon la plus raisonnée qui soit, les vannes de l'imagination. Ainsi pour produire un effet de réalité porteur de vérité émotionnelle – par un trucage techniquement plus périlleux[31] au moment du tournage, une tension pour le coup très réelle[32] qui contribue fortement à la vérité de la scène –, il conduit le spectateur, simplement à partir de certains éléments, à créer lui-même l'image absente. Elle surgit en lui, au lieu de s'imposer, *fake* de surcroît, de l'extérieur. La force réaliste et le caractère véridique

31. Il s'agit d'un couteau à lame pivotante, muni d'une petite pompe qui fait jaillir un flot de sang lorsqu'il s'ouvre, et qu'il faut prendre soin de tenir dans le bon sens pour que le côté qui touche la narine ne soit pas le côté tranchant. Une sorte de cascade en somme.

32. Inquiétude (concevable !) de Nicholson, mais précision millimétrée du geste de Polanski, qui joue le petit malfrat.

de la séquence relèveront d'une responsabilité créatrice partagée entre le maître d'œuvre de la représentation juste – le réalisateur qui, à partir d'un geste et du flot de (faux) sang, induira dans le regard l'invention d'une image (celle d'un nez que l'on tranche) – et le spectateur qui créera la vision dans son esprit. Une scène alors aussi vraie – aussi puissamment réelle – que celles de ses propres rêves. Mais qui, tout autant qu'eux, en partie lui échappe. « Nous sommes faits de l'étoffe dont sont tissés nos songes », dit le magicien Prospero, dans *La Tempête.* Shakespeare, maître de Polanski. Encore.

Mais au service cette fois des impostures d'une réalité alternative, les artifices, si grossiers soient-ils, sont tout. Des faux nez donnés pour vrais. Rien d'autre.

Dans et par son travail créateur, Roman Polanski cisèle, avec une virtuosité consommée et une clairvoyance sans faille, les techniques de narration et de mise en scène redoutablement précises et inventives qui permettent de toucher le vrai. C'est la magie du grand cinéma – et un enjeu vital pour Polanski. Ainsi apprenons-nous à *voir* ce que le poète Fernando Pessoa appelle la « confondante réalité des choses ». Jusqu'aux confins de ce qu'elles recèlent de plus secret, de plus opaque, de plus inquiétant peut-être.

Par un étrange et cruel tour du destin, une entreprise de télé(dé)réalité en son fond meurtrière, détruisant méthodiquement tout accès à la vérité, s'acharne depuis des décennies contre le réalisateur de *J'accuse.* Une farce féroce de la fortune, thème, on le sait, récurrent dans le cinéma de Polanski, qui le réfléchit et le donne à penser de diverses façons, le plus souvent comico-tragiques, sans nulle réponse paranoïaque rassurante pour l'esprit.

Par quels procédés le cauchemar du *fake*, comme issu du pseudo-film d'un pseudo-Polanski, a-t-il pu prospérer et, tel un mérule rongeant son existence, venir menacer jusqu'à l'indispensable espace de respiration créatrice qui sa vie durant lui a permis de vivre, et de survivre au pire ?

Falsifier, distordre, corrompre

Jamais on ne fait le mal si pleinement
et si gaiement que quand on le fait par conscience.

Blaise Pascal

La déflagration

Lorsque le 8 novembre 2019 *Le Parisien* titre « La nouvelle affaire Polanski – Une Française l'accuse de viol », Adèle Haenel, la « jeune fille en feu » du pesant film à thèse de Céline Sciamma[1] sur les écrans depuis quelques semaines, vient de se livrer sur Mediapart à un exercice d'accusation publique à l'encontre du réalisateur Christophe Ruggia. Prestation passablement confuse qui, par la grâce des médias de tout bord, a pourtant hypnotisé la France entière, ce jusqu'aux plus hautes sphères politiques. En tout état de cause, ce « moment Adèle Haenel » a indéniablement constitué un tournant pour le mouvement #MeToo en France, lui imprimant un élan qui l'a propulsé sur une trajectoire en

---

1. *Portrait de la jeune fille en feu*, 2019.

accélération continue, donnant au très problématique slogan « Victimes, on vous croit ! » une légitimité que crut même bon d'adouber dans la foulée un président de la République en exercice.

Dans le billard à trois bandes de la soirée Mediapart, la cible véritable était Roman Polanski/« Violanski » dont le film *J'accuse*, consacré à l'affaire Dreyfus, sortait au même moment[2]. Un film conçu du point de vue de celui qui avec opiniâtreté, contre lui-même et contre l'institution à laquelle il appartenait – l'armée française –, a mis au jour l'invraisemblable et grossière entreprise de falsifications et de manipulations qui aboutit à la condamnation inique du capitaine Dreyfus, suivie du long combat pour sa réhabilitation. Le personnage du colonel Picquart, interprété par Jean Dujardin, a ainsi quelques accointances avec le Jack Gittes de *Chinatown*, qui découvrira lui aussi une vaste et sinistre toile de tromperies et de malversations.

La photographe Valentine Monnier accuse donc Roman Polanski de l'avoir sauvagement violée en 1975. Le 9 novembre, soit le lendemain de l'article qui lance à grand fracas la « nouvelle affaire Polanski », *Le Parisien*

2. Sur le lien entre l'affaire Haenel et le « cas » Polanski, voir la curieuse page Wikipédia consacrée à l'affaire Haenel – une page dans laquelle le seul élément bibliographique indiqué est un article de Frédérik Detue (commenté dans mon livre *Le Mirage #MeToo* cité plus haut) qui fait de la comédienne un nouveau Primo Levi et ne manque pas de revenir sur le « violeur » n° 1 Polanski, pourtant étranger à tout ce qui concerne Adèle Haenel. La presse dans son ensemble, *Le Parisien* en particulier, s'appuie sans complexes sur l'affaire Haenel – et sur le fait qu'elle « croie » Valentine Monnier, comme s'il s'agissait là d'une preuve. Nous y reviendrons.

publie une tribune de l'accusatrice intitulée « La Vérité sortant du puits[3] », précédée de ces lignes :

> « Sans *J'accuse*, je serais restée dans mon silence, comme je le fais depuis quarante-quatre ans », affirme Valentine Monnier.
> Blessée par les articles sur ce film qu'elle ressent comme une provocation, Valentine Monnier décide, en juillet dernier, d'écrire un texte pour y raconter sa vérité : en 1975, elle a été violée par Roman Polanski alors qu'elle avait dix-huit ans. [...] « J'ai compris que je n'avais pas d'autre choix que de témoigner », confie-t-elle. Voici la tribune qu'elle nous a envoyée.

Cette offensive feuilletonnée, préparée depuis la présentation de *J'accuse* à la Mostra de Venise quelques semaines auparavant, sera le détonateur d'une campagne médiatique acharnée visant le réalisateur. Sous couvert du « devoir d'informer », mais d'abord et explicitement au nom d'une cause supérieure à tout – celle des « victimes » (autoproclamées) –, la presse, tout acquise au mouvement dit de « libération de la parole » des femmes, usera, comme on va le voir, des techniques et des procédés les plus éprouvés des entreprises de propagande.

Nous examinerons donc comment sur cette « nouvelle affaire Polanski » s'y sont pris *Le Parisien* et, à sa suite, en canon pourrait-on dire (dans tous les sens du terme :

3. Nous commenterons ultérieurement ce texte en tout point extravagant.

reprise amplifiée d'un thème, pilonnage), d'autres grands médias. Car décrypter la façon dont s'est orchestrée cette campagne-là, et appréhender les ressorts de son efficience consternante non seulement pour Polanski[4], mais pour la simple intelligence, nous donnera l'opportunité de mettre au jour quelques-uns des procédés médiatiques et rhétoriques par lesquels cette figure de « monstre » sexuel est devenue, sans discussion possible, l'évidente, la définitive « identité » de Roman Polanski. Et par là de comprendre, au-delà même du cas emblématique de Polanski, comment opèrent des processus de falsification. Comment peut-il se faire que l'accusation opportuniste lancée à grand bruit par Valentine Monnier, vendue au chaland d'aussi grossière façon, ait immédiatement convaincu, jusqu'à des esprits censés se montrer capables de discernement ? Comment comprendre que personne n'ait levé un sourcil en lisant cette affirmation rédigée par le journal – certes présentée comme la « vérité » de Valentine Monnier, mais dont tout le dossier s'attachera à « démontrer » que c'est la vérité tout court : « en 1975, elle a été violée par Roman Polanski alors qu'elle avait dix-huit ans » ? Il n'est pas nécessaire d'être un fin analyste des tactiques publicitaires de persuasion de l'opinion publique[5] pour comprendre que ce qui frappe le lecteur, et s'imprime

4. Aucun producteur français ne s'est plus par la suite risqué au financement de son film suivant, *The Palace*, dont la distribution en France semble désormais impossible. Le film a cependant été sélectionné – hors compétition – à la Mostra de Venise, sorti en Italie en septembre 2023. Sans surprise, les collectifs féministes manifestèrent leur indignation. Voir Addendum p. 195.

5. Voir Edward Bernays, *Propaganda* (1928), trad. Oristelle Bonis, Paris, Zones, 2007.

immédiatement dans son esprit, au détriment de tout le reste, c'est la phrase choc, rédigée au passé composé du mode indicatif, non au conditionnel passé. L'acte a bien eu lieu : c'est ce que fait passer ce chapeau. Les hypocrites précautions prises – le texte est censé simplement introduire la version de Valentine Monnier – autorisent sans risques pour *Le Parisien* pareille présentation. C'est assez habile pour que la manipulation passe inaperçue. Mais la barrière des prudences « déontologiques » (le texte de Valentine Monnier dit juste « sa vérité ») n'est qu'un leurre destiné à protéger le journal, qui pourra candidement en arguer en cas de problème judiciaire. Le subterfuge rédactionnel par lequel sera inoculée la conviction que Polanski a commis ce crime fonctionne à merveille.

La preuve par le soufre

Un certain nombre d'observations préalables sont nécessaires avant d'aller plus loin.

Car la fabrication du « monstre » Polanski est cumulative, et le produit d'une longue histoire, sédimentée. Nous avons très brièvement évoqué cela dans les pages qui précèdent, il faut néanmoins y revenir plus précisément, pour souligner les éléments saillants de la « légende noire » peu à peu élaborée, afin d'éclairer les mécanismes par lesquels pareil croquemitaine, fût-il bâti à la six-quatre-deux à coups d'artifices plus ou moins grossiers, est devenu à ce point « réel » aux yeux du monde.

Un symptôme remarquable de cet étrange et répétitif *storytelling* affleure dans le discours de la journaliste Catherine Balle lorsqu'elle fait au micro d'un de ses confrères[6] la promotion de son « enquête » et de ses « vérifications » autour des allégations, « crédibles », répète-t-elle sur tous les tons – la répétition étant, on le sait, un des ressorts usuels de toute propagande –, de « Valentine » (Monnier).

Sous une photo de Valentine Monnier à l'âge de dix-huit ans ainsi légendée : « "Je sors bouleversée de la lecture de son témoignage. Je la crois", nous indique Adèle Haenel, à propos des révélations de Valentine Monnier » (si Adèle Haenel « croit » Valentine Monnier, quelle plus irrécusable garantie !), choisie pour illustrer le titre « Roman Polanski est accusé de viol pour la première fois par une Française », suivi d'un chapeau racoleur qui ne manque pas de citer (encore) Adèle Haenel, Catherine Balle commence par expliquer que « Polanski est un grand réalisateur ». Elle enchaîne avec une énumération de ses succès de reconnaissance artistique (Palme d'or, Oscar, etc.). Sans parvenir à réprimer un petit ricanement, elle ajoute cette curieuse remarque sur ses fréquentations à Gstaad :

> Polanski a une vie socialement assez active, il y a plein de multimillionnaires, voire des milliardaires qui louent des chalets là-bas, ils sont tous copains.

---

6. https://www.leparisien.fr/podcasts/code-source/roman-polanski-le-j-accuse-de-valentine-monnier-11-11-2019-8190936.php
Les citations de Catherine Balle qui suivent proviennent de ce podcast.

Traduire : c'est un « puissant ». N'oublions pas que l'on célèbre alors l'anniversaire du mouvement des gilets jaunes, au cours duquel les poncifs complotistes sur les Juifs qui mènent le monde, sur les Juifs et l'argent se sont fait une nouvelle santé. Ajoutons, s'agissant de Roman Polanski, une nuance particulière de l'antisémitisme inavoué (ou dénié) qui le vise, et que l'on reconnaît ici : il est un trop mauvais survivant. Définitivement non conforme. Car c'est d'abord un vivant, capable de jouir de toutes ses forces de la vie et de ses plaisirs, au lieu de pieusement consacrer son temps à la lamentation. Impardonnable, aux yeux mesquins de ceux qui font grief à Polanski de sa vitalité rétive à l'apitoiement[7].

---

7. De la même façon, d'aucuns se sont offusqués que, après l'assassinat de son épouse Sharon, Polanski, endeuillé, ait pu trouver non une consolation, encore moins l'oubli, mais un ancrage vital dans des liaisons passagères avec des jeunes femmes « au frais minois », libres et pleines d'élan. Ainsi relate-t-il ceci dans son livre, en évoquant un séjour à Gstaad, dans le chalet d'un ami, quelque temps après le crime : « Ce fut alors que Kathy, Madeleine, Sylvia et d'autres dont j'ai oublié le nom jouèrent un rôle passager mais thérapeutique dans mon existence. Dans certains cas, pas si passager que ça puisque certaines sont devenues des amies fidèles. » Il ajoute que, « comme tant de filles de leur âge, elles possédaient d'immenses réserves encore intactes d'intelligence et d'imagination. Elles ne se servaient pas de leur corps au profit d'une carrière, elles n'étaient pas à la recherche d'un rôle [...]. Et elles étaient plus belles, avec le naturel de jeunes pouliches, qu'elles ne le seraient jamais. Pour moi c'était en quelque sorte la preuve que j'existais toujours » (*Roman par Polanski*, *op. cit.*, p. 520-521). Ceux – nombreux – qui s'acharnent à vouloir que Polanski cesse d'exister brandissent pareille forme de retour à la vie comme une preuve qu'il est bien un vampire avide de fraîches créatures. Ont-ils jamais réfléchi, à défaut d'en avoir fait l'expérience, au fait que pareille manière de traverser le deuil témoigne d'une capacité, fondamentalement saine en réalité, à surmonter le ressentiment envers la vie elle-même ? N'en déplaise aux censeurs que cela choque, l'attrait assumé de Polanski pour les

Mais, après cette mise en bouche, voici qu'elle nous sert le principal : le soufre, alpha et oméga de toutes les « preuves », sinon factuelles, du moins métaphysico-morales, contre Polanski.

> Il a eu une vie extrêmement sulfureuse, puisqu'il est né à Paris, mais à l'âge de trois ans ses parents ont déménagé en Pologne, il était dans un [*sic*] ghetto à Cracovie, qu'il a connu la Shoah, sa mère, sa sœur et son père ont été déportés, sa mère et sa sœur ne sont jamais revenues des camps, après il est devenu réalisateur.

La journaliste poursuit, toujours sur le thème du soufre, avec l'assassinat de Sharon Tate, puis l'affaire Samantha Geimer – présentée de façon erronée. Viennent enfin les accusations de viol portées par plusieurs femmes à l'encontre de Roman Polanski – dont un certain nombre d'anonymes recrutées sur le site I met Polanski contre promesse d'une gratification de vingt mille dollars.

Outre l'erreur factuelle – sa sœur aînée Annette, née d'un premier mariage de sa mère, a en réalité survécu à Auschwitz et est partie après la guerre s'installer à Paris –, la façon pour le moins étrange, sinon obscène, dont Catherine Balle déroule cette « vie sulfureuse »,

---

jeunes filles/jeunes femmes à cette période de son existence est la marque d'une âme indestructiblement vivante, et pure de toute aigreur. Il faut ici le souligner avec force, tant est constant l'anathème qui transforme Polanski en libidineux abuseur de jouvencelles.

introduite par un « puisque » parfaitement absurde, aboutit donc à faire des événements tragiques de l'enfance du réalisateur un aspect de ladite « vie sulfureuse » – dès l'enfance, on vous dit ! Polanski est sans doute un rejeton de succube[8] ! Que les jeunes années de Polanski aient été marquées par une telle tragédie, c'est pour Catherine Balle « sulfureux[9] ». En aurait-il été l'ordonnateur démoniaque que la journaliste ne s'exprimerait pas différemment. Elle ne s'en rend manifestement pas compte – il est fréquent que les certitudes militantes rendent stupide. Stupide et/ou tout simplement indigne. Le chroniqueur Claude Askolovitch commentant sur le plateau de l'émission « 28 minutes » (Arte !)[10] en des termes empreints d'une haine meurtrière le livre d'Emmanuelle Seigner *Une vie incendiée*[11]. S'adressant à elle – en la tutoyant – (et en son absence), Askolovitch, après avoir fait allusion pêle-mêle à l'assassinat de la mère de Roman Polanski par les nazis lorsqu'il était enfant, à *Rosemary's Baby*, à l'assassinat de Sharon Tate, tout cela

---

8. Les paysans polonais qui recueillirent l'enfant ne surent pas s'en rendre compte, selon les insinuations révoltantes du président de Yad Vashem. Voir mon article « Polanski, l'enfant sauvé », *Transfuge*, 27 octobre 2020. https://www.transfuge.fr/2020/10/27/polanski-lenfant-sauve/

9. Catherine Balle reproduit ainsi de façon pavlovienne le type de raisonnement qui a voulu incriminer Polanski dans l'assassinat de Sharon Tate. Sam Wasson souligne ironiquement cette innommable stupidité : « Et Polanski avait survécu aux nazis. Cela voulait forcément dire quelque chose. Pas vrai ? », *The Big Goodbye*, trad. Samuel Bréan, Paris, Carlotta, 2020, p. 56.

10. 28 octobre 2022.

11. Voir sur ce point mon article déjà cité, « Aimer la vérité », *Revue des Deux Mondes*, 7 novembre 2022.

définissant bien entendu son devenir-monstre, achève sur ces mots : « Sinon comme les siens Roman mourra, et vous mourrez, et j'imagine bien, Emmanuelle Seigner, que tu n'as pas d'autre choix. » Autrement dit, le journaliste prétend démontrer que si Emmanuelle Seigner ne défendait pas, « les yeux humides », « son homme », la spirale du crime se déchaînerait à nouveau, les emportant tous, telle une malédiction (punition ?) inéluctable. Un vœu de mort trempé dans la fange, formulé de façon particulièrement tordue.

Le comble cependant du fantasme d'un Polanski « sulfureux » – sans métaphore – se trouve sans doute atteint lorsqu'il relève au contraire d'une admiration affichée, mais dont le caractère morbide n'engage que ceux qu'une vision aussi stéréotypée comble d'aise.

Il est à noter en effet que cette fois en défense de Roman Polanski, et au nom d'une indignation – très certainement sincère – contre le traitement ignoble dont le cinéaste a fait l'objet lors de la cérémonie des Césars 2020, la romancière Nathalie Rheims, dans son livre *Roman*[12] et dans les interviews qui l'accompagnent, y est allée elle aussi de ses élucubrations sur le soufre. Selon elle, Polanski la rejoindrait dans « un certain goût pour les forces sataniques[13] », ce qui sans doute la rangerait elle-même du côté des

12. Nathalie Rheims, *Roman*, Paris, Léo Scheer, 2020. L'auteur reprend (en partie seulement, puisqu'elle ne peut pas écrire « *par Polanski* ») le titre du livre de Roman Polanski !

13. *Ibid.*, p. 11.

grands artistes, lesquels comme chacun sait ne peuvent que frayer avec le diable… Où l'on reconnaîtra un poncif romantico-gothique peut-être quelque peu vieillot. Passons. Le reste est nettement moins anodin. L'auteur ne craint pas d'affirmer en effet que « les lignes de brisure » du destin du réalisateur – la mort de Sharon Tate notamment, « anticipée[14] » selon elle (et selon la presse à scandale de l'époque) par *Rosemary's Baby* – démontreraient une « complicité » [*sic*] du réalisateur avec les « forces du mal ». De même elle fournit une interprétation toute personnelle du fait que Polanski se serait « toujours trouvé au mauvais endroit au mauvais moment » :

> Pour commencer, comment peut-on naître à Paris en 1933, lieu idéal, moment parfait pour mener une carrière d'artiste, et se retrouver six ans plus tard, en septembre 1939, dans le pire endroit qui soit sur la Terre. Dans cette période-là : à Cracovie[15].

Comme l'insinue avec moins de falbalas « littéraires » Catherine Balle, voilà qui sent le soufre. « Je pense que *Faust* n'est pas seulement un mythe, et j'en vois de bien réels autour de moi. Le pacte avec toi est plus fréquent qu'on le croit, nombreux sont ceux dont on admire la réussite qui l'ont signé, acceptant, en échange de leur fortune, d'aller brûler en enfer pour l'éternité[16] », ajoute

---

14. *Ibid.*, p. 27.
15. *Ibid.*, p. 20-21.
16. *Ibid.*, p. 15.

la romancière, s'adressant pompeusement au prince des ténèbres. Elle poursuit en ces termes :

> Le destin de Roman est trop éblouissant et tragique à la fois pour ne pas être le fruit d'un tel accord. Nul doute que cet homme ne parle que de ça dans son œuvre[17].

« Nul doute » ? Établissant également d'improbables liens entre l'incendie de Notre-Dame, la pandémie et le lynchage de Polanski, sa fiction narcissique confuse (qui finit par se déliter) verse ainsi dans une sorte de complotisme chic passablement puéril, qui interprète les hasards et les coïncidences non comme des aléas de l'existence, troublants parfois en effet, mais, et quoi qu'elle en dise, comme le message ésotérique d'une nécessité occulte. Libre à elle bien sûr, dans le registre de la fantaisie. Mais Nathalie Rheims ne s'en tient pas là. Elle raconte ainsi au début de son livre :

> Je dînais en tête à tête avec Claude [Berri, son compagnon à l'époque]. Roman est entré dans le restaurant. Tel un faune, il s'est approché de notre table. Debout devant nous, il a salué Claude, puis s'est planté là, me tournant ostensiblement le dos, comme si je n'existais pas. Lorsqu'il a fini par s'éloigner, un souffle glacé a traversé la salle et m'a

---

17. *Ibid.*

> enveloppée. Depuis, nous n'avons jamais rien échangé, rien partagé, pas un mot, pas un geste. Par contre, à chaque fois que je me suis trouvée dans la même pièce que lui, j'ai ressenti ce courant d'air froid qui m'a toujours laissée pétrifiée, et convaincue de son lien intime avec toi[18].

« Ce froid qui signale ta présence », dit-elle encore à Satan. Brrr… Mieux vaut en rire ! On pourrait néanmoins rêver d'admirateurs plus pertinents.

Il nous faut donc, avant d'aller plus loin, commencer par remonter le fil de cette preuve par le soufre. Car elle représente l'un des motifs les plus puissants, et le plus ancré sans doute, du dénigrement aveugle dont Polanski fait l'objet.

Cela commence en 1969, lorsque son épouse Sharon Tate alors enceinte de huit mois est assassinée par des membres de la « famille Manson » aux ordres de leur gourou tout-puissant, Charles Manson, condamné à plusieurs reprises au cours de son adolescence à des séjours dans des maisons de redressement pour des vols et des agressions sexuelles. Ce dernier, qui se présentait comme une réincarnation du Christ et s'est par la suite fait graver une croix gammée sur le front[19], avait fondé en 1967 une communauté hippie. Drogue, sexe, musique et mystique

---

18. *Ibid.*, p. 11.

19. https://www.huffingtonpost.fr/life/article/pourquoi-charles-manson-arborait-un-tatouage-de-croix-gammee-sur-le-front_112253.html

psychédélico-millénariste. En 1969, il envoie ses adeptes perpétrer un certain nombre d'assassinats dans des villas cossues de Los Angeles[20], s'appuyant sur diverses élucubrations au sujet des paroles de chansons des Beatles. L'un des crimes, celui dont seront victimes Sharon Tate et ses invités, visait en réalité le producteur Terry Melcher, locataire précédent de la villa, qui avait refusé de signer à Charles Manson un contrat pour un disque. Motif de vengeance parfaitement trivial, quel qu'ait été le déchaînement de violence sadique à la *Orange mécanique* qui a caractérisé la série de crimes, au-delà des assassinats commis dans la maison où par malheur résidait Sharon Tate. Sadisme humain, trop humain, sans rapport avec le fantasme de « meurtre rituel » – comme par hasard – qui, s'agissant de la mort de Sharon Tate, a immédiatement enfiévré des esprits excités.

Ce motif – une vengeance qui ne relevait même pas des codes « d'honneur » des vendettas mafieuses, ou familiales dans des traditions archaïques, mais d'un ressentiment misérable pour un contrat artistico-commercial refusé – fait crûment apparaître que l'habillage mystico-hippie en vogue à l'époque[21] est une mystification complète.

---

20. Le lendemain du meurtre de Sharon Tate et de ses amis, dans une autre villa, la famille Manson assassina tout aussi sauvagement le président d'une chaîne de supermarchés, Leno LaBianca, ainsi que son épouse, Rosemary.

21. Une folie américaine endémique pourrait-on dire. Bret Easton Ellis, évoquant dans son roman *Les Éclats* ses années d'adolescence à Los Angeles de la fin des années 1970 et du début des années 1980 – la même époque à peu près, et le même climat de sexe, drogue, fun et gourous douteux, que celle de l'adolescence de Samantha Geimer –, parle d'une « folie qui s'est abattue » sur Los Angeles dans ces années-là, de « cultes » auxquels appartenaient des hippies shootés plus ou moins dérangés, de rituels d'exorcisme qui tournent

De la même farine empoisonnée que celle des quantités de sectes américaines entichées d'innombrables prédicateurs qui jouent les illuminés prêchant la fin des temps et l'expiation des péchés, mais qui en réalité, et jusqu'à aujourd'hui[22], ne sont que de vulgaires pompes à fric, pièges pour gogos apeurés par leur propre ombre et persuadés que quelques dollars versés à Jésus (au charlatan qui gère ses intérêts ici-bas) les tireront d'affaire dans ce monde ou dans l'autre. Le film de John Huston, *Wise Blood*[23], adapté du roman éponyme de Flannery O'Connor, farce pessimiste et cruelle sur les ravages de l'imposture et le business cynique du salut des âmes, jusqu'à l'impossibilité d'en sortir vivant pour qui se débat dans son minable nœud coulant, offre de ce visage de l'Amérique une vision particulièrement noire dans son ironie ravageuse.

Impossible pour une société américaine voulant à toute force entretenir la fable de sa merveilleuse, de sa délicieuse candeur – la « pastorale américaine[24] » – de regarder en face les ressorts platement sordides de ce crime en particulier, pas plus que d'admettre comme produit ordinaire d'une certaine face de l'Amérique l'insondable bêtise des sectateurs de gourous, cette stupidité

---

mal, pratiqués sur un adolescent prétendument possédé par un « démon satanique » (*Les Éclats*, trad. Pierre Guglielmina, Paris, Robert Laffont, 2023, p. 21).

22. Voir la sidérante télévangéliste de Donald Trump, Paula White.

23. 1979, titre français : *Le Malin*. Le roman de Flannery O'Connor, publié en 1952, a été traduit sous le titre *La Sagesse dans le sang* (1952), trad. Maurice-Edgar Coindreau, *Œuvres complètes*, Paris, Gallimard, « Quarto », 2009, p. 63-188.

24. Titre ironique et désabusé d'un roman de Philip Roth paru en 1997.

tristement humaine obsédée par le péché capable de déchaîner des actes d'une effroyable sauvagerie. Les bonnes âmes, inspirées par l'œuvre d'édification que s'étaient donnée pour mission les serpents à sornettes de la presse à scandale, toujours à l'affût des heurs et malheurs des célébrités de Hollywood, chargèrent ainsi « spontanément » le Juif européen Roman Polanski d'une culpabilité, directe ou indirecte, dans ce crime abominable. Polanski, sa vie, ses films : par conséquent « Sharon devait mourir ». Admirable déduction, aux avantageuses vertus lustrales de surcroît : Polanski en « monstre », voilà de quoi rasséréner à coup sûr une Amérique inquiète sur elle-même[25], dans ces années de *peace and love.* Dans la section intitulée « Une Californie de rêves » de son recueil de chroniques de l'Amérique entre 1965 et 1990, Joan Didion[26], témoin sensible de cette époque dans le Los Angeles doré de Hollywood, lorsqu'elle évoque le soir où elle apprit le crime de Cielo Drive, décrit admirablement cette insouciance vénéneuse :

> La tentation mystique de l'idée de « péché » – cette impression qu'il était possible d'aller trop loin, et que beaucoup de gens le faisaient – était très présente parmi nous en 1968 et 1969. Une tension en vortex,

---

25. C'est une dimension que souligne avec clairvoyance Emmanuelle Seigner, dans un entretien croisé avec Samantha Geimer, *Le Point*, 13 avril 2023, sur lequel nous reviendrons.

26. Joan Didion, *L'Amérique, 1965-1990*, trad. Pierre Demarty, Paris, Le Livre de poche, 2022. Dans *Les Éclats*, Bret Easton Ellis décrit de façon étonnamment similaire ce monde à peine quelques années plus tard.

> démente et séduisante, montait au sein de la communauté. [...] Ces premiers comptes rendus [du crime où avait péri Sharon Tate] étaient confus et contradictoires. [...] Quelqu'un parlait de cagoules, un autre parlait de chaînes. On imaginait des messes noires, et on mettait ça sur le compte de mauvais *trips*. Je me souviens parfaitement de toutes les informations erronées de cette journée, et je me souviens de ceci, que j'aurais préféré oublier : *je me souviens que personne n'était surpris*[27].

Alors pour « expliquer », dessein absurde, le meurtre de l'épouse de Roman Polanski – dont les assassins ignoraient qu'elle vécût dans la maison, comme on l'apprendra par la suite –, certains, vautrés dans une obscénité morbide maximale, n'hésitèrent pas à insinuer que lui-même aurait commandité le crime. Sans aller jusque-là, d'autres crurent pertinent et particulièrement perspicace de rapporter cette tragédie de bout en bout dénuée de sens au mode de vie du couple, imaginant qui une « orgie » qui aurait mal tourné (rien de plus plausible, n'est-ce pas, pour une jeune femme sur le point d'accoucher que de se livrer à quelques bacchanales et sabbats), puisqu'elle était l'épouse de l'auteur « satanique » de *Rosemary's Baby*[28] et

27. *Ibid.*, p. 111.

28. Comme Joan Didion, Sam Wasson évoque cette folie de rumeurs : « Après tout, Polanski avait même *l'air* maléfique. Seul un homme capable de faire un film aussi sinistre [*Rosemary's Baby*] (que Robert Windeler dans le *NYT* avait qualifié de "conçu par le diable lui-même") pouvait commettre un acte aussi inconcevable, l'œuvre d'un déséquilibré », ou en tout cas en

du *Bal des vampires*, qui, nous l'avons signalé, un « crime rituel ». Sûrement pour faire du pain azyme avec le sang du fœtus…

Ainsi l'étranger au talent fou, à qui tout réussissait à Hollywood (n'était-ce pas un peu suspect, d'ailleurs ? un pacte avec le diable là-dessous[29] ?), le Juif errant Polanski, fut-il perçu sous des traits qui correspondaient en réalité à ceux du hippie Charles Manson issu de l'Amérique profonde, à ceci près que ce dernier était un raté définitif – sauf à considérer que régner en maître absolu sur une secte mystico-criminelle constitue un brillant titre de gloire.

Quant à *Rosemary's Baby*, il n'est effectivement pas impossible que le film ait été source d'un certain malaise, plus ou moins diffus, pour le public américain. Non parce qu'il était supposément « diabolique » ; mais parce que, tel le miroir implacable qui informe la méchante reine dans *Blanche-Neige* qu'elle n'est pas la plus belle, il est d'une décapante lucidité sur le conte de fées américain. Redoublant en effet le regard, tout à la fois clairvoyant et

---

être le « cerveau machiavélique », *The Big Goodbye*, *op. cit.*, p. 56. Polanski cite lui aussi dans son livre un certain nombre d'élucubrations médiatiques plus délirantes les unes que les autres. Pour ce qui est de l'« air maléfique », Nathalie Rheims n'a pas été en reste, comme on l'a vu.

29. Comme nous l'avons signalé plus haut, c'est là une vieille histoire, depuis la fameuse *Sonate des trilles du diable* de Giuseppe Tartini, réputée si inhumainement virtuose que le diable avait dû s'en mêler. C'est par la suite devenu un poncif littéraire plus ou moins heureusement traité, particulièrement à l'époque romantique. Mais hors littérature, ce fantasme a fonctionné comme exutoire pour le dépit envieux des médiocres. Paganini par exemple, admiré/jalousé pour son immense talent de violoniste et sa virtuosité exceptionnelle, en a été victime de la part de la critique.

rempli d'innocence, de Rosemary, celui, d'une mordante ironie, que porte le réalisateur sur ces Américains d'âge mûr aimablement excentriques – le couple malfaisant du film – en les dotant d'un look passablement grotesque, mélange de baba sur le retour et de *middle class* à bigoudis, avec leur panoplie d'herbes et de talismans puants, nous fait clairement percevoir que, en Amérique comme ailleurs, et quoi que se racontent les habitants du Nouveau Monde au sujet de leur inaltérable innocence, « les braves gens ne courent pas les rues », pour emprunter ici le titre d'un recueil de nouvelles particulièrement grinçantes de Flannery O'Connor – elle à nouveau. Même en Amérique, peuplée bien entendu exclusivement de *good guys.*

Un mot encore sur *Rosemary's Baby.*

Les gentils retraités américains comiquement, et non sans férocité, portraiturés par Polanski – leur première apparition sur le trottoir, après que leur ancienne « protégée » s'est jetée par la fenêtre, est à mourir de rire, un modèle de vision satirique – sont-ils « réellement » le diable (et son épouse) ? Qu'est-ce qui est vrai dans le cauchemar nocturne de Rosemary (son viol par le diable) et diurne (sa grossesse empoisonnée, les événements étranges qui se succèdent, les « preuves » que Roman Castevet est une incarnation du diable) ? D'où vient le trouble ? Est-ce que Rosemary délire, ou est-ce que réellement ses voisins sont démoniaques ?

Il est en réalité assez simple de répondre à cette question, sans pour autant attribuer à Polanski quelque goût pour les cultes sataniques, voire, ce serait tellement excitant (et si commode pour démontrer des bêtises), des accointances avec « les forces du mal » (comme le dit Nathalie Rheims). Rosemary – comme à un autre emplacement le metteur en scène Polanski – voit clair. Oui, ces mignons Castavet ne sont sans doute pas les « braves gens » qu'ils prétendent être. Le reste ? Tout ce qui dans le film tend à attester que Rosemary ne se méprend pas ? Tout est vrai bien sûr, et *réel dans l'espace de la fiction.* Ici une fiction qui relève d'une veine fantastique, dont nous avons plus haut signalé les enjeux. De la même façon, nous y avons fait allusion déjà, les spectres qui apparaissent à Hamlet ou à Macbeth, outre qu'ils sont porteurs de vérité, sont *parfaitement réels dans le champ de la fiction.* On ne se pose d'ailleurs pas la question en voyant *Hamlet* ou *La Tragédie de Macbeth* : les spectres apparaissent, c'est tout. Et c'est juste *normal.* Est-ce que Shakespeare, Laurence Olivier ou Polanski « croient » aux fantômes et jouissent de l'inquiétant pouvoir de les convoquer à leur guise ? Ce n'est juste pas le sujet. Simplement ils voient clair, et savent donner forme, à travers des fictions, aux vérités enfouies que leur regard éclaire.

Et lorsque comme dans *Répulsion*, qui n'appartient pas directement au genre fantastique en dépit des visions fantasmatiques puissamment réalistes – du point de vue de Carol, qui perçoit réellement les mains sortant du mur –, il s'agit de délires ou d'hallucinations, ceux-ci sont construits autour d'un « noyau de pure vérité », selon l'expression freudienne. Noyau qui résiste à l'élucidation, nonobstant les indices donnés au spectateur – la photo de Carol enfant fixant on ne sait quoi –, sans doute parce que pour Carol elle-même tout demeure obscur. Son angoisse n'en est que plus immense.

Pour ce qui est de *Rosemary's Baby*, la force du film tient au fait que la frontière est floue entre le fantasme et la réalité de la vie de Rosemary – ce qu'autorisent les conventions du genre fantastique, exploitées ici de la plus virtuose des manières pour transmettre une vérité dérangeante –, puisque différents événements de son existence confirment si l'on peut dire la réalité de ses fantasmes. Mais c'est juste ceci : Rosemary est terrifiée par la malveillance inquiétante qui sourd de la sollicitude envahissante de ses si exquis voisins, elle la perçoit clairement et la peuple de représentations empruntées à l'imaginaire de la malfaisance démoniaque. Le film déplie et inscrit au cœur de la réalité fictionnelle du personnage de Rosemary la simple vérité de sa perception. Laquelle exprime une intuition de Polanski quant à la réalité de l'Amérique, qu'il traduit brillamment en fiction fantastique, humour noir « Mitteleuropa » à la Kafka en prime. L'intuition d'une vérité, nullement fictionnelle pour le coup. À savoir : l'hypocrisie de la vertu factice et de la gentillesse sucrée mièvreusement affichées, le mensonge de la pureté sans tache du « nouveau monde ».

Autrement dit, il transmet la vérité sur les faux-semblants. C'est là l'opposé même d'un acte de nature « diabolique » – selon la représentation théologique du « démon ». Alors, qui a peur de Roman Polanski ? Et, pour se protéger de son regard trop lucide, lui attribue puis lui colle au visage les scélératesses dont il excelle, sans donner de leçons de morale mais avec une irrévérencieuse causticité, à déceler l'inavouable réalité ?

Dans son journal, le capitaine Wilm Hosenfeld, qui apporta son aide à Wladyslaw Szpilman dont Polanski adapta fidèlement le livre dans son film *Le Pianiste*, écrit, le 21 août 1942 :

> Le mensonge, voilà le pire des maux. Tout ce qui est diabolique en dérive. [...] La vérité est menacée partout. Les faits sont déformés, manipulés jusqu'à se transformer en leur contraire. Peut-il sortir du bon de tout cela ? Non[30] !

Faisons un pas de plus, afin de déchiffrer plus complètement les logiques de médiocrité envieuse, de crainte et de projection haineuse sur un bouc émissaire parfait dont procède la preuve par le soufre invariablement brandie face à Polanski comme un crucifix (un crucifix enduit d'ail, c'est plus efficace) devant un vampire. Un détour par la romancière Flannery O'Connor nous éclairera.

Dans l'une des nouvelles du recueil *Les braves gens ne courent pas les rues*, évoqué plus haut, *La Personne déplacée*[31], il est question d'un Polonais arrivé en Amérique après la guerre et les camps de la mort, ouvrier agricole chez une veuve

30. Des extraits du *Journal* de Wilm Hosenfeld figurent dans l'édition du récit de Wladyslaw Szpilman, *Le Pianiste*, *op. cit.*, p. 219.

31. Flannery O'Connor, *Œuvres complètes*, *op. cit.*, p. 327-365.

cupide et aigrie, propriétaire d'une petite exploitation. Il est « la meilleure affaire de sa vie », elle peut « compter sur lui » mais, ô ! le « monstre » prêt à souiller l'innocence, il ne veut pas comprendre qu'un « nègre ne peut pas prendre pour femme une Blanche venue d'Europe » – sa jeune cousine rescapée des camps, qu'il veut faire venir en Amérique. Dès lors, horrifiée, elle le détestera d'autant plus qu'« il ne faisait jamais rien de travers ». Et il mourra, délibérément broyé sous un tracteur par un autre des employés de la veuve, nommé Shortley. Shortley dont l'épouse décédée brutalement « savait qu'il [le Polonais] venait du diable ». « Je m'figure que c'est ce Polonais qui l'a tuée », affirme-t-il avec conviction. La preuve ? La voici, dans les visions mystiques de feue Mrs. Shortley :

> Elle vit les mots polonais, sales, bien renseignés et jamais réformés, jeter de la boue sur les mots anglais bien propres, jusqu'à ce qu'ils soient couverts de la même saleté. [...] « Dieu me protège, s'écria-t-elle intérieurement, de la puissance nauséabonde de Satan ! » À partir de ce jour-là elle se mit à lire la Bible avec une attention toute neuve[32].

Inspiré comme par des Manson bouseux par son épouse décédée et par sa patronne puritaine, Shortley qui lui non plus « n'aime pas les étrangers » murmure, mijotant son crime : « La vengeance m'appartient, a dit le Seigneur. »

---

32. *Ibid.*, p. 341.

Une fois Guizac – « la personne déplacée » – écrasé sous ses yeux complices, Mrs. McIntyre lui en voudra de n'être pas parti de lui-même. C'est que c'est perturbant, un assassinat... Surtout si l'on n'a rien fait pour l'empêcher, étant en son for intérieur, et dans l'instant du crime, de mèche avec l'assassin satisfait de son acte purificateur ; dissonance morale assurée. Très inconfortable. Un peu plus tôt, décrivant la haine et la peur – peur de l'autre, c'est-à-dire peur d'elle-même – de celle qui « toute sa vie avait lutté contre le trop-plein du monde » maintenant « installé chez elle sous la forme d'un Polonais[33] », Flannery O'Connor écrit :

> Et son regard se rétrécit, se referma ainsi qu'une tenaille sur la silhouette qui décroissait, comme si elle l'eût regardé dans la mire d'un fusil[34].

C'est bien un tel regard qui ne veut pas lâcher Roman Polanski. Un regard qui défigure – cette défiguration terrible qu'évoque Philip Roth au sujet de l'antisémitisme en Amérique[35].

---

33. Dans l'interview pour *Le Point* précédemment citée, Emmanuelle Seigner évoque un documentaire sur Charles Manson. Interrogé par le journaliste sur ce qu'il ferait s'il sortait de prison, celui-ci, avec sa croix gammée sur le front, déclara : « Je vais trouver ce Polonais qui habite à Paris et m'occuper de lui. »

34. Flannery O'Connor, *Œuvres complètes*, *op. cit.*, p. 35, pour les deux citations.

35. « Comment rester fort ? Comment échapper à la défiguration ? Tel est le sujet sur lequel il faut se pencher », Philip Roth, « Explications », trad. Lazare Bitoun, in *Pourquoi écrire*, *op. cit.*, p. 482.

Cette face sombre de l'Amérique dissimulée sous le masque de la vertu et des bons sentiments, d'autres que Polanski, au cinéma ou dans la littérature, l'ont dévoilée sans concessions. Pour nous en tenir au cinéma, l'ont fait avec éclat, outre le film de John Huston que nous avons évoqué, des films aussi effrayants que *Délivrance* (1972) de John Boorman, ou *La Porte du paradis* (1980) de Michael Cimino, qui relate la guerre sanglante que livrèrent à la fin du XIXe siècle dans le Wyoming de riches propriétaires de bétail bien propres sur eux à des immigrants pauvres, des pouilleux d'Europe de l'Est qu'ils n'hésitèrent pas à massacrer. Mais comment admettre que l'étranger Polanski, sur un mode ironico-fantastique (*Rosemary's Baby*) ou clairement réaliste (*Chinatown*), passe ainsi l'Amérique au scanner ? Le meurtre de Sharon Tate alors ? Au choix : une punition divine ou, mieux encore, l'œuvre de celui qui assurément, comme le Polonais de Flannery O'Connor, « venait du diable ».

Même après que le crime eut été élucidé et jugé, foin de la réalité factuelle et de la vérité. Il fallait à toute force maintenir la conviction que, d'une façon ou d'une autre, Polanski y était forcément pour quelque chose. « *Print the legend* » : on se souvient des mots désabusés que prononce James Stewart interprétant le sénateur Ransom Stoddard dans *L'homme qui tua Liberty Valance*[36]. Et c'est terrible. Car le prix de la légende – qui en l'occurrence veut magnifier Ransom Stoddard en héros de l'Amérique – est une

36. John Ford, *The Man Who Shot Liberty Valance*, 1962.

duperie. Ce n'est pas lui qui a tué Liberty Valance, mais invisiblement Tom Doniphon (John Wayne), qui ce faisant l'a sauvé ; cet acte de surcroît demeure contraire aux convictions de Ransom Stoddard, selon lesquelles, même au Far West, le droit doit prévaloir sur les armes. Légende dorée ici, doublement mensongère. Le sénateur, amèrement, y consent : l'opinion publique ne doit pas être déçue.

En ce qui concerne Roman Polanski, c'est inversement d'une *black legend* qu'il s'agit. *Black legend* dont la fonction est pourtant analogue à celle que nous donne à méditer le film de John Ford : préserver intact, moyennant les distorsions qu'il faudra, le rêve de l'Amérique, mis en péril par l'abominable crime de Cielo Drive. Un crime qui tendait au paradis californien un très cruel miroir.

Ainsi, lorsque les charognards de la presse osèrent écrire : « Sharon devait mourir », peut-être était-ce exactement ce qu'au fond d'eux-mêmes, et sans bien sûr se l'avouer, ils pensaient. Mais dans un tout autre sens que celui dont ils affublèrent leurs élucubrations. Cette mort affreuse ? Presque une bénédiction. L'opportunité en tout cas, inespérée, de transférer d'un coup l'horreur du crime sur un homme insolemment talentueux, au regard bien trop pénétrant, et ainsi d'exorciser les turpitudes inavouables de la toute-saine et toute-sainte Amérique. Mais en réalité, à sa manière, pas plus vertueuse que la vieille Europe et son histoire bourbeuse. Bruit et fureur, partout. De paradis, point.

Lubricité : la preuve par le « viol » initial

Lorsque huit ans plus tard éclate l'affaire Samantha Geimer, la presse avait déjà son personnage : non pas simplement l'homme et le justiciable Roman Polanski, mais une figure sulfureuse à moitié sadienne, une effigie du vice sur laquelle s'était transférée et comme greffée la monstruosité du crime de Los Angeles. Certes le coupable de l'assassinat de Sharon Tate était bien Charles Manson, mais quand même… Agiter un portrait de Polanski en « violeur » allait pour de bon graver l'excitante légende dans le marbre. Un bon scandale sexuel impliquant une célébrité de Hollywood, et pas n'importe laquelle : Polanski en personne, c'était pain béni. Trop libre, Polanski, trop perspicace ; et toujours et surtout, irréductiblement, trop étranger : un méchant coucou en somme, qui pondait ses œufs dans le nid des autres. Les « œufs » en question : une œuvre d'une saisissante acuité[37] quant aux replis de l'âme humaine ; parfois drôle,

---

37. Dans *Répulsion*, la description des angoisses qui envahissent Carol dans sa folie est d'une pénétration digne du plus subtil des cliniciens, à la hauteur de celle de Tolstoï décrivant l'état psychique d'Anna Karénine avant son suicide. Un savoir intuitif dont la profondeur et la justesse insignes sont la marque du grand artiste. Et l'on songe aux mots de Freud sur l'étonnant savoir des poètes, « précieux alliés » dans la connaissance, « et l'on doit attacher grand prix à leur témoignage, écrit-il, car ils savent toujours une foule de choses entre ciel et terre dont notre sagesse d'école ne peut encore rien rêver. En psychologie, ils sont bien en avance sur nous, hommes du quotidien, parce qu'ils puisent là à des sources que nous n'avons pas encore rendues accessibles à la science », Sigmund Freud, *Le Délire et les rêves dans la « Gradiva » de Jensen* (1907), *Œuvres complètes*, *VIII*, trad. J. Altounian, P. Haller, D. Hartmann, C. Jouanlanne, Paris, Puf, 2013, p. 44.

parfois poignante, souvent les deux ensemble ; redoutablement intelligente aussi – ce qui constitue une source ordinaire de défiance et de détestation – et dans laquelle, comble de l'insolence, le cinéaste ne craignait pas à l'occasion de jouer lui-même les « méchants », comme dans la scène culte du nez coupé de *Chinatown* évoquée plus haut. Un film d'ailleurs dans lequel le réalisateur récidiviste réitérait en quelque sorte la « faute » de *Rosemary's Baby* : comment lui, Polanski-le-diabolique, dans un thriller captivant à mille lieues de toute glamourisation hollywoodienne, et à partir d'une histoire qui s'était réellement produite de surcroît, osait-il montrer aussi crûment l'envers crapuleux de la prospérité et détruire l'illusion de pureté sexuelle de la chaste Amérique ? Comment l'Éden californien, cette terre de cocagne bénie du Tout-Puissant, pouvait-il abriter pareille corruption, et à un tel niveau ? Dévoiler dans les vergers du paradis ce que Philip Roth a nommé « la fureur, la violence, le désespoir d'un chaos infernal qui n'appartient qu'à l'Amérique[38] », de quel droit ? N'était-ce pas une sorte de « viol » de l'Amérique ?

Star aux yeux clairvoyants venus d'ailleurs (ceux mêmes du bébé « diabolique » de Rosemary dans son berceau, sûrement...), soufre définitivement confirmé (du sexe, transgressif) : quoi de plus « vendeur » pour les ouailles pieuses de la presse à sensation ? Pathétique vision de mauvais roman-photo en vérité, dictée par la

38. Philip Roth, *Pastorale américaine* (1997), trad. Josée Kamoun, Paris, Gallimard, « Folio », 2001, p. 126.

sottise et la vulgarité d'émotions falsifiées produites en série pour satisfaire les foules. Puisque c'est à l'inverse l'innocence lumineuse d'un regard désencombré tout entier dédié à l'œuvre d'imagination, cette innocence « qu'engendre constamment la créativité[39] », selon le beau mot de Walter Benjamin, qui permet de voir clair – et de faire don de cette connaissance au spectateur inconnu qu'éveillera la baguette de ce « sourcier de l'âme[40] » qu'est le véritable artiste. Lequel est avant tout un homme parmi les hommes, et non, selon un cliché aussi désincarné que puérilement factice, quelque émissaire spécial des forces du Mal (ou du Bien).

Rien de naïf dans cette fraîcheur de la créativité. Elle ne procède ni d'une ignorance ni d'un évitement du monde et de ses tourments, mais au contraire de la capacité à y découvrir cette fontaine de Castalie[41] où l'âme décrassée puisera la force de capturer le vrai. L'innocence limpide mais aussi la force indomptée, malgré tout, du personnage de Rosemary pourraient assez bien figurer cette aptitude périlleuse.

---

39. Walter Benjamin, « Contre un chef-d'œuvre » (1930), *Œuvres II*, trad. Pierre Rusch, Paris, Gallimard, « Folio », 2000, p. 226.

40. J'emprunte cette formule si exacte à mon amie Anne-Catherine Lochard, qui l'a utilisée à propos de Roman Polanski lors d'une conversation à bâtons rompus que nous avons eue.

41. Avant d'aller consulter l'oracle, les pèlerins et les prêtres venaient se purifier à cette source située dans un ravin du site de Delphes. Selon la légende, les Muses fréquentaient ses abords, si bien que la fontaine donnait l'inspiration poétique à ceux qui en buvaient les eaux sacrées.

L'affaire Samantha Geimer, donc.

Rappelons brièvement le point de départ de cette interminable histoire, ensevelie sous un amas de contre-vérités qui ont fabriqué le mythe fondateur de Polanski-le-violeur.

En 1977, Roman Polanski photographie pour le magazine *Vogue* la jeune Samantha Gailey (devenue Samantha Geimer après son mariage). Elle n'a pas tout à fait quatorze ans. La séance de photos se tient dans la maison de Jack Nicholson. Au cours de cette séance, Polanski eut avec Samantha Geimer une relation sexuelle illicite, et dont à l'évidence il aurait dû s'abstenir[42]. Un épisode confus, sur lequel les versions de ses deux protagonistes ont partiellement divergé. Inévitable effet *Rashomon*[43], compliqué sans doute par des enjeux qui échappent à toute vision extralucide, s'agissant de Samantha Geimer en particulier, tiraillée des années durant entre le souhait maintes fois exprimé de passer à autre chose et une obstination assez peu claire, mais peut-être inévitable, à maintenir la version de la « fille[44] violée » par Polanski, fût-ce au

—

42. Une précision est ici nécessaire. Le « récit » – qui aujourd'hui fait foi sur ce qui s'est passé dit que Polanski a « drogué » Samantha Geimer. Formulé ainsi, c'est inexact. En réalité, il lui a proposé un Quaalude, qu'elle a accepté, sachant de quoi il s'agissait et sans y être contrainte. Il n'a pas à son insu versé dans son verre de la drogue pour obtenir une soumission chimique. C'est bien différent.

43. Voir sur ce point Sabine Prokhoris, *Le Mirage #MeToo*, *op. cit.*

44. *La Fille*, c'est le titre du livre de Samantha Geimer et Lawrence Silver publié en 2013, trad. Sébastien Baert et Éric Betsch, Paris, Plon, 2013. Tout en qualifiant de « viol » – mais pour diverses raisons, pouvait-elle se dépêtrer de cette version ? –, sur un mode cependant assez ambigu et passablement expéditif, l'épisode de 1977, elle refuse d'endosser le costume doloriste de la

prix de contradictions. Quoi qu'il en ait été, ce qui est demeuré constant chez elle, et cela depuis le début, c'est son affirmation que Polanski ne désirait aucunement lui faire de mal, même s'il a pu se méprendre, sinon sur l'état d'esprit de la jeune fille au cours de cette séquence, du moins sur l'impact de l'épisode pour l'adolescente qu'elle était. Un impact dû au fait qu'étant mineure, elle se trouvait bon gré mal gré soumise à l'autorité de sa famille – sa mère en particulier, qui a décidé de déposer plainte contre Polanski. Sans le vouloir, et même s'il n'a à aucun moment usé de violence, il a ainsi commis un abus envers la jeune fille, en ne mesurant pas que, quoi qu'elle ait pu manifester d'ambigu dans la situation, elle n'était pas entièrement libre de sa personne, même si elle avait pu lui sembler l'être de son désir.

Le lendemain du dérapage incontrôlé de Roman Polanski, la mère de Samantha Geimer dépose plainte pour viol sur sa fille, et Polanski est arrêté. L'acte d'accusation comporte plusieurs charges très lourdes : viol aidé par l'usage de la drogue ; rapport sexuel illicite avec une mineure ; administration de méthaqualone ; acte impudique et de violence obscène sur enfant de moins de quatorze ans ; perversion ; sodomie. Toutes accusations que la défense de Polanski récuse. Ce dernier accepte finalement de plaider coupable

victime. Elle y confirme les informations sur les déviances judiciaires portées à la connaissance du public par le film de Marina Zenovich, *Roman Polanski : Wanted and Desired* (2008), et de la manière la plus claire, demande instamment que l'affaire soit close, soulignant à quel point la folie judiciaire et médiatique lui a infligé un dommage de loin plus important que l'événement désastreux qui s'était déroulé dans la villa de Jack Nicholson.

pour un seul des chefs d'accusation : rapport sexuel illicite avec une mineure. La procédure de plaider-coupable sur cette unique incrimination est acceptée par le procureur Roger Gunson, et cette solution convient également à la partie adverse, Samantha Geimer et sa famille, désormais embarquées dans une affaire qui, du fait de la notoriété particulière de Polanski, va prendre des proportions sans doute inimaginables pour la jeune fille et pour ses proches. Ils disent ne souhaiter rien de plus qu'un aveu de culpabilité, mais nullement l'emprisonnement du réalisateur. Les autres incriminations sont par conséquent abandonnées. La raison avancée par le conseil de Samantha Geimer en faveur de cette option judiciaire est qu'elle « éviterait à Samantha Geimer de divulguer ses données personnelles, ce qui, au regard de l'immense engouement que l'affaire suscitait auprès des médias, pourrait lourdement grever son avenir[45] ». Polanski sera donc jugé, au cours d'une procédure de plaider-coupable, sur cette seule infraction.

Ainsi, quoi qu'on veuille penser d'un compromis judiciaire que, au nom de la morale, de la cause sacrée des victimes et d'autres motifs plus obscurs, beaucoup ont *a priori* considéré comme une scandaleuse atténuation des faits, s'empressant pour leur part, et de plus en plus bruyamment, d'en maximiser l'« horreur » supposée[46], la

---

45. Juge Dariusz Mazur, « Motivation de la décision du 30 octobre 2015 », p. 19-20. Il s'agit des attendus du refus d'extradition par la Pologne de Roman Polanski, rendu par le tribunal régional de Cracovie. Voir Annexe p. 211.

46. Même Sam Wasson, dans son excellent ouvrage, parlera du « caractère monstrueux du crime qu'il [Polanski] avait commis », *The Big Goodbye*, *op. cit.*, p. 358.

vérité judiciaire est celle-là : Polanski s'est rendu coupable d'une relation sexuelle délictueuse avec une mineure, pour laquelle il a plaidé coupable. On notera que sur ce fait pourtant aisément vérifiable, *Le Monde*, « premier site d'information en France » comme il aime à se présenter, écrivait en 2013 ceci :

> Six chefs d'accusation sont retenus : viol, sodomie, perversion, fourniture de drogues… Polanski plaide non-coupable[47].

Désinformation caractérisée proprement ahurissante (le chef d'accusation retenu n'est du reste même pas mentionné dans l'article du *Monde)*, symptomatique d'un état des certitudes – rien de très nouveau cependant ; souvenons-nous de l'affaire Baudis et des pages entières de fariboles racoleuses à peine dignes de *Détective* publiées à l'époque par le quotidien de référence[48]. Mais forcément, « *Le Monde*, on te croit !… ». Et le faux remplace le vrai sans que nul n'y trouve à redire.

Sans préjudice de la perturbation importante que cet événement malheureux a pu faire vivre à la jeune fille, et de la sévérité du conflit personnel qui l'a peut-être alors tourmentée – le fantasme, qui est bien différent d'un désir assumé, est une chose, mais son éventuel accomplissement

---

47. *Le Monde*, 25 octobre 2013, « Bouc émissaire – Polanski adapte l'affaire Dreyfus en écho au traitement médiatique de sa propre affaire », signé par : « rédaction du *Monde* ».

48. Edwy Plenel en était à l'époque aux manettes.

plus ou moins précipité par une situation confuse en est une autre, laquelle peut en effet violenter, surtout si l'on est très jeune –, les propos très déterminés et de plus en plus explicites aujourd'hui de Samantha Geimer accréditent la qualification retenue, au-delà des motifs invoqués à l'époque par son avocat Lawrence Silver. Ce n'est pas lui faire injure, ni disqualifier la complexité et l'ambiguïté des différentes facettes de sa version des faits, que de le souligner. Ajoutons que la procédure civile qu'elle a intentée par la suite contre Polanski lui a permis d'obtenir de lui un dédommagement conséquent en réparation de ce « truc moche », comme elle dit de façon prudemment évasive dans sa conversation avec Emmanuelle Seigner publiée dans le magazine *Le Point* en avril 2023[49]. Le « truc moche » en question qui « s'est passé il y a quarante putain d'années » incluant, on peut le présumer en suivant son propos, la folie médiatico-judiciaire qui a transformé « la réalité en quelque chose de faux, de complètement artificiel », cela de manière exponentielle à l'ère #MeToo. Car ce que ne cesse, depuis des années, de répéter Samantha Geimer, parfaitement claire sur ce point, c'est que le véritable traumatisme, et ce qui la révolte, c'est la scandaleuse dérive judiciaire qui a vicié le procès et contraint Polanski à fuir les États-Unis[50], dérive

---

49. « Samantha Geimer-Emmanuelle Seigner, la rencontre », propos recueillis par Peggy Sastre, *Le Point*, 13 avril 2023.

50. Pour le détail de cette dérive judiciaire, voir l'excellent article de Nicolas Bastuck, « Affaire Polanski : comment la justice s'est enlisée », *Le Point*, 13 avril 2023.

dont elle-même a été une victime collatérale. Mais aussi et tout autant, l'instrumentalisation fanatique de son histoire par des cohortes vindicatives se réclamant du féminisme[51].

Nous renvoyons sur ces points, et sur leurs conséquences ravageuses, au livre d'Emmanuelle Seigner *Une vie incendiée* déjà cité, et bien sûr au documentaire de Marina Zenovich mentionné plus haut, qui retrace, documents à l'appui[52], l'invraisemblable enchaînement de forfaitures,

---

51. Instrumentalisation d'autant plus implacable et sûre de son bon droit qu'aujourd'hui en France, si la différence d'âge entre un mineur de quinze ans et son partenaire sexuel excède cinq ans, la relation sera automatiquement considérée comme un viol, et passible de vingt ans de prison.

52. Le juge Mazur lui-même utilisera dans sa motivation un certain nombre d'éléments issus du documentaire de M. Zenovich. Il justifie cela ainsi : « De manière générale, c'est avec une grande réserve que le Tribunal de céans approche les sources potentielles de preuves que représente l'ensemble des éléments d'origine médiatique […]. Au regard du principe de la libre appréciation des preuves, énoncé à l'article 7, CPP, l'on ne saurait cependant dire que toute preuve de cette nature doit être *in limine litis* rejetée, la valeur, la force probante et l'utilité pour l'établissement des éléments de fait de la cause devant être appréciées, *ad casum*, par le prisme des principes du savoir, de la logique et de l'expérience de la vie. En mettant en œuvre ces principes à la séance du 9 avril 2015, le Tribunal de céans a admis le film *Wanted and Desired* de Marina Zenovich comme élément de preuve entièrement valable […], et il en a pris connaissance à la séance du 22 mai 2015 […]. Comme le Tribunal de céans a pu constater lors du visionnage, l'on a affaire, dans la majeure partie, à un film documentaire qui contient aussi bien des fragments enregistrés lors de la procédure pénale qui a été conduite à Los Angeles de 1977 à 1978 que des interviews, enregistrées lors du tournage de ce film, avec les personnes impliquées aux différentes étapes de cette procédure et, partant, en possédant une connaissance directe. Il y a lieu de noter que le film même, constituant un événement médiatique notoire, a exercé une influence majeure sur le déroulement de la dernière phase de la procédure pénale menée en Californie à l'encontre de Roman Polanski », juge Mazur, « Motivation de la décision du 30 octobre 2015 », *op. cit.*, p. 122.

mensonges, collusions, trahisons, lâchetés qui ont pollué, en une fuite en avant de plus en plus frauduleuse, la procédure intentée contre Polanski. Déviances procédurales innombrables qui, de façon ininterrompue et comme en roue libre, se sont ensuivies de l'acharnement inouï d'un juge dévoyé et d'un procureur au comportement pervers – respectivement Laurence Rittenband et David Wells –, sidérante délinquance judiciaire.

Contentons-nous d'en résumer l'essentiel : après que Polanski eut purgé à la prison de Chino une peine[53] qui, en vertu d'un accord passé entre les parties et entériné par le juge, devait représenter le quantum de ladite peine, sous condition des résultats d'une évaluation psychologique à laquelle le coupable de l'infraction retenue devrait se soumettre durant cette incarcération, le juge revint soudainement et unilatéralement sur cet accord, agissant ainsi au mépris de la loi et de ses engagements. Furieux de la teneur du rapport d'évaluation favorable sans réserve au prisonnier – Polanski n'était pas un délinquant sexuel, n'avait pas de penchants pédophiles, et ne représentait pas un danger pour la société –, le juge, qui n'en était pas à son premier revirement, était décidé à l'envoyer derrière les barreaux. La menace qui pesait désormais sur la tête de Polanski était celle d'une lourde peine de prison, pouvant aller jusqu'à cinquante années. Peine qui selon le juge serait de nature à lui assurer les applaudissements – et les

---

53. Cette peine de quatre-vingt-dix jours a été réduite à quarante-deux, au vu des conclusions du rapport d'évaluation.

suffrages[54] – d'une opinion publique chauffée à blanc. À partir de là, et jusqu'à ce qu'enfin, en juillet 2022, soient levés les scellés sur une déposition du procureur Gunson confirmant les dévoiements graves et répétés d'une procédure interminable entachée d'innombrables irrégularités, y compris la destruction de pièces compromettantes pour les magistrats, Polanski, tout en menant une carrière artistique jalonnée d'œuvres marquantes, demeura un fugitif traqué par la justice américaine. On le laissa en paix un certain temps. Mais le film de Marina Zenovich signalé plus haut, qui dévoilait les agissements peu glorieux de la justice de l'État de Californie tout au long de cette affaire, mit en fureur les représentants-voyous des institutions judiciaires de l'Amérique que leur conduite n'avait cessé de bafouer. En une surenchère furieuse, ils tentèrent d'obtenir de la Suisse en 2009, puis de la Pologne en 2015, l'extradition de Polanski. Celle-ci fut à chaque fois refusée, et la demande faite à la Pologne fut l'occasion d'un réquisitoire sévère développé par le juge polonais Mazur contre une justice qui avait gravement failli à ses devoirs les plus élémentaires dans une démocratie. En conclusion d'une remarquable motivation de refus d'extradition de Roman Polanski, implacablement détaillée, il écrit :

> L'on ne saurait résister à l'impression que les droits de Roman Polański, en tant qu'accusé dans la procédure

---

54. N'oublions pas qu'aux États-Unis les juges sont élus. Ils doivent donc soigner leur popularité. Leur indépendance relativement à l'opinion publique peut par conséquent s'en trouver regrettablement compromise.

pénale pendante, ont été sacrifiés sur l'autel de la lutte pour la sauvegarde du renom du Superior Court et du District Attorney's Office de Los Angeles, entamé par la conduite contraire à l'éthique et illégale du juge Rittenband et du procureur Wells lors de l'examen de l'affaire en 1977 et 1978 et que, paralysées par la crainte démesurée de critiques médiatiques, les autorités judiciaires locales ne sont pas à même d'appliquer une quelconque mesure de redressement sérieuse[55].

On ne saurait se montrer plus clair.

Surtout après avoir mis les points sur les *i* en ces termes :

Nous vivons à une époque où, face à l'essor et à l'accessibilité des moyens de communication de masse et du fait de la conversion progressive du monde de l'information à la logique du *scoop*, ce n'est pas sans raison que les médias, forts de leur influence massive sur l'opinion publique, sont qualifiés de quatrième pouvoir. Toujours est-il que [...] la pression médiatique exacerbée propre à cette affaire ne légitime en aucun cas les démarches des autorités de la Justice telles que la rupture, sous l'effet des critiques médiatiques, de l'entente précédemment conclue sur le quantum de la peine, le fait d'annoncer dans les médias le contenu

55. Juge Mazur, « Motivation de la décision du 30 octobre 2015 », *op. cit.*, p. 330.

des décisions avant qu'elles ne soient prononcées, ou encore la délivrance des *marching orders* constitutifs d'entorse à l'indépendance du juge[56].

À travers l'analyse extrêmement complète que le juge polonais fait des rebondissements successifs du dossier, on comprend en effet que ce qui d'emblée a primé sur tout, et perverti l'affaire de bout en bout, c'est un asservissement inouï de l'institution judiciaire de l'État de Californie, en la personne des magistrats chargés de cette affaire, aux attentes des tabloïds, et à une opinion publique toujours plus avide de sexe et de punition. Asservissement faisant fi d'une exigence sur laquelle le magistrat insiste, à savoir la capacité à apprécier une situation et les différents types de preuves « selon les principes de la logique, du raisonnement correct, en tenant compte de l'acquis de la science et de l'expérience de la vie[57] ». Retenons cela, « l'expérience de la vie » : sagesse digne de celle de Salomon, dans cette formule que réitère le juge quelques pages plus loin. « Expérience de la vie » essentielle au discernement ; indispensable condition de la lucidité requise quand il s'agit de juger un homme – fût-il célèbre. Un discernement cruellement absent de tous les « récits » médiatiques et militants qui telles des algues vertes prolifèrent autour de Polanski.

L'« expérience de la vie » – celle de l'homme Polanski – est aussi, à n'en pas douter, le terreau et la pierre de

56. *Ibid.*, p. 328.
57. *Ibid.*, p. 114.

touche de sa créativité d'artiste. Sans elle, ni regard, ni justesse. Elle seule lui permet de faire exister, dans leur complexité, leur épaisseur humaine et une troublante vérité des personnages, fussent-ils très éloignés de lui.

À l'instant même, donc, où la plainte contre Roman Polanski a été déposée, le juge Rittenband (et son acolyte le procureur Wells), au mépris de ces exigences d'indépendance et de sagesse humaine, se sont mis sur orbite de la presse à sensation, elle-même vaisseau amiral d'une invincible armada médiatique, tous supports confondus. Car non seulement Roman Polanski était une star de Hollywood, mais cette star était Roman Polanski. L'ivresse d'une scénarisation voyeuriste[58] prit immédiatement des proportions insensées, formant un piège qui emprisonnera définitivement ses protagonistes : Roman Polanski d'abord, Samantha Geimer ensuite. Dès lors, ce qui se jouera ne se déroulera plus dans le champ de la réalité factuelle, pas davantage dans l'ordre du droit. La machine à fantasmes fonctionnera à plein régime *dans l'espace judiciaire lui-même*, ce sera le moteur d'une série de manipulations et falsifications destinées à maintenir en haleine un public insatiable.

---

58. On alla jusqu'à transmettre en direct l'arrivée de Polanski à la prison de Chino. Par la suite, la condition mise à son retour aux États-Unis pour comparaître devant le tribunal de Los Angeles en vue de clore l'affaire fut que le procès soit diffusé en direct à la télévision, condition que Polanski ne pouvait pas accepter.

Mouliner du néant

Machine à fantasmes dont l'élément clé, qui fera définitivement basculer l'affaire et constituera le point de départ de son caractère interminable, est l'équivalent de… rien du tout. Néant. Il s'agit d'une photographie publiée dans le *Santa Monica Evening Express*, sur laquelle on voit Roman Polanski, qui avait été autorisé à aller tourner un film avant de revenir à Los Angeles pour la clôture judiciaire de l'affaire, attablé dans une brasserie lors de l'Oktoberfest à Munich. Autour de lui trois jeunes femmes. La photo, flanquée d'un commentaire sur cette situation « scandaleuse » dans le style « Voilà le satyre Polanski qui s'amuse à Munich avec des filles ! », est cadrée de telle façon que l'on ne voit pas la tablée tout entière, mais uniquement Polanski « en charmante compagnie[59] ». Or non seulement ce séjour à Munich était un banal voyage d'affaires fait à la demande de la production du film, et non une escapade pour le *fun*, mais les trois jeunes femmes – que la presse s'est plu à désigner comme des « jeunes filles », histoire de bien rappeler Samantha Geimer – étaient en fait accompagnées.

Cette image sciemment falsificatrice d'une situation en réalité tout ce qu'il y a de plus normale – mais qui l'est nettement moins pour qui est persuadé que Polanski devrait être en prison et nulle part ailleurs, et donc se comporter comme s'il était enfermé en cellule – servira de détonateur

59. Même l'article pourtant informé de N. Bastuck ne peut s'empêcher de reprendre, comme par automatisme, cette version quelque peu offusquée.

dans l'iniquité judiciaire qui va suivre. À la manière d'un Iago de pacotille, le procureur Wells soufflera avec insistance à son camarade Rittenband qu'il s'agissait là d'un « doigt d'honneur » que lui faisait Polanski. L'affaire était désormais pliée. L'obsession du vaniteux Rittenband : punir (se venger de) Polanski. Et par conséquent, au mépris de la loi et de tous ses engagements, l'envoyer au plus vite en détention – spectaculairement si possible. Cela non pas tant à vrai dire pour l'infraction retenue contre lui dans l'affaire Geimer, mais pour l'humiliation que ce faune sans scrupule, ce vicieux sans foi ni loi lui infligeait en le « provoquant » de la sorte. Mais c'est bel et bien lui, le magistrat qui aurait dû être l'irréprochable garant du droit, qui se montra alors sans foi ni loi.

Rittenband, drogué à sa propre image médiatique, n'a donc cessé de mentir à tout le monde, et d'agir en violation continuelle des règles de la procédure pénale en fonction d'éléments non pertinents en l'espèce, « tels que, à titre d'exemple, des lettres de critique que lui adressaient, en rapport avec le dossier, des tiers inconnus, l'information remontée par une personne de sa connaissance et prétendant que, quelque dix ans auparavant, Roman Polanski aurait vécu un incident similaire avec une mineure à Londres, par suite duquel il aurait quitté l'Angleterre et qu'un journal londonien aurait relaté dans un article paru dans ses colonnes. Enfin, en se fondant sur des sources non identifiées, le juge alléguait que Henri Sera[60] avait

60. Henri Sera faisait partie du cercle des amis et connaissances de Polanski à cette époque. C'est lui qui avait suggéré à Polanski, pour son projet

arrangé le rendez-vous de Roman Polanski avec Samantha Geimer exprès pour que le fugitif noue avec elle une relation sexuelle. Les deux dernières de ces informations ont été prouvées fausses par le procureur Gunson[61] ». En outre lors de séances s'apparentant à des répétitions pour sa (mauvaise) pièce de théâtre – une « farce » selon les mots du procureur Gunson et de l'avocat de Polanski[62] –, réunions convoquées la veille des audiences, le juge n'hésitait pas à donner ses instructions au défenseur et au procureur (*marching acts*) sur les répliques attendues d'eux : « Je vais interroger tout le monde comme au catéchisme ; c'est-à-dire faire moi-même les questions et les réponses », comme le dit le bouffon dans *Othello*…

Le juge magouilleur, dans son domaine une piètre, vraiment très piètre version du Noah Cross de *Chinatown* en somme, n'a ainsi rien à envier aux sbires du KGB :

> Tout de même si vous saviez toutes les lettres que nous recevons depuis, croyez-moi, nous n'avons rien fait pour, que tout ça est sorti dans les journaux ! Des

photographique sur les jeunes filles des années 1970 pour le magazine *Vogue*, de photographier Samantha G., laquelle se trouvait être la sœur cadette de sa petite amie du moment à Los Angeles.

61. Juge Mazur, « Motivation de la décision du 30 octobre 2015 », *op. cit.*, p. 55.

62. Et p. 49 du même document : « Dans un bref échange de paroles au sortir du bureau du juge le 31 janvier 1978, Douglas Dalton et Robert Gunson ont conclu unanimement qu'à l'audience du lendemain, ils n'allaient pas participer à cette "farce" [littéralement : *charade*] et exécuter les rôles que leur imposait le juge Rittenband, pensés uniquement pour contribuer à la création d'une certaine image du magistrat dans les médias et assortis d'un résultat préconçu par ce dernier. »

> centaines de lettres ! Exigeant, mais non ne riez pas, qu'on vous condamne à mort… […] Le peuple entier estime qu'on a eu la main trop légère… Si on vous relâchait en ce moment dans la rue, vous seriez mis en pièces[63]…

C'est de son procès politique que parle dans ces lignes sarcastiques l'écrivain dissident André Siniavski.

Mais le procès de Polanski se déroule dans une démocratie – qui certes a connu la période du maccarthysme. Pour le magistrat cependant, l'enjeu n'est pas la légalité, moins encore la proportionnalité de la peine au vu de l'infraction retenue et de son contexte. Ce dont il s'agit : apparaître en gloire comme celui qui aura su délivrer la société du Mal. Rien de moins. En prime : s'être payé une célébrité ; et pas n'importe laquelle, puisqu'il s'agissait de Polanski.

Cela sous la pression non pas de l'État, dont le juge trahit et manipule sans vergogne l'institution judiciaire, mais du grand barnum médiatique.

La demande de récusation de Rittenband déposée par la défense de Polanski au motif des violations répétées des règles de la procédure pénale par ce juge sans parole n'aboutira pas. Ce dernier finira néanmoins par se déporter du dossier, non sans avoir déclaré par écrit qu'« à aucun moment, il n'a fléchi face à l'opinion publique et ne s'est laissé guider ni par les motifs de popularité personnelle, ni par la crainte de critiques infondées ». Le mensonge

63. André Siniavski (Abram Tertz), *Bonne nuit !*, *op. cit.*, p. 69.

jusqu'au bout. Mensonges éhontés du juge, redoublant les mensonges et falsifications des médias, et s'en nourrissant. Un entremêlement définitivement catastrophique pour la vérité, fruit d'un pacte de falsification contracté au nom de la sauvegarde de la vertu.

Car non seulement la suite du traitement judiciaire de l'affaire ne redressera pas la barre, mais de surcroît, et parce qu'elle aura été semée *par l'institution judiciaire elle-même*, la graine d'iniquité prospérera sans limites. À partir de la manière de part en part déviante dont fut traitée en justice l'affaire Geimer, les imputations de viols se multiplieront envers Roman Polanski. Tel un cancer accusatoire, elles iront croissant à partir de la rumeur qui servit de « Viagra » médiatique pour maintenir inébranlablement érigée la certitude quant au Polanski-violeur-de-fillettes : une prétendue affaire semblable à celle de Samantha Geimer qui se serait produite dix ans auparavant à Londres.

En dépit du film de Marina Zenovich – voire paradoxalement à cause de lui, puisqu'il a réveillé les ardeurs furieuses de la justice californienne piquée au vif, si bien que Polanski, de demande d'extradition en demande d'extradition, n'en apparut que davantage comme l'odieux proscrit qui la narguait –, ce que l'opinion a retenu de l'affaire, ce ne sont pas les malversations des magistrats, mais la figure du « criminel » en cavale. Fugitif, Polanski ? C'est bien la preuve qu'il était mauvais, forcément mauvais. Quoi d'autre qu'une nature dépravée aurait pu sinon le conduire à s'obstiner dans la fuite ? *Errare humanum est, perseverare diabolicum*, n'est-ce pas ? Les refus d'extradition ?

Pire encore : c'est qu'il était un « puissant », puisque riche et célèbre[64]. Ainsi Polanski aura toujours tout faux, surtout quand la justesse de sa cause est reconnue à la face du monde. Pas d'issue.

Ainsi, assujetie au règne souverain du *fake*, la justice américaine aura été, avec cynisme et en toute bonne conscience, la caution perverse des passions douteuses qui firent de Roman Polanski le fétiche parfait, excitant incube sur lequel projeter le pire.

Un « doudou » maléfique donc, auquel nul ne voudra plus renoncer.

Rappels

Encore moins à partir de la déflagration #MeToo.

Ainsi, par exemple, on pourra lire dans un médiocre ouvrage publicitaire publié en 2022 par la Fnac et le magazine *Première*[65], où figurent deux pages consacrées à Polanski, sa vie, son œuvre, un tissu d'insanités qui reprennent l'antienne du cinéaste « maléfique » attirant/provoquant nécessairement un destin de même nature (le meurtre de Sharon Tate). Puis, après une série de considérations plus ineptes les unes que les autres sur sa filmographie, l'auteur ignare et non moins haineux évoque

64. Or c'est précisément l'inverse : comme le soulignera clairement le juge Mazur, c'est au contraire la notoriété de Polanski qui lui a valu un traitement aussi scandaleusement inique.

65. *La Vidéothèque idéale : 120 ans de cinéma*, 2022.

l'affaire du « viol » de Samantha Geimer (Gailey) en ces termes :

> Le cinéaste s'en tire avec une peine de prison dérisoire après des négociations obscènes. [...] Samantha Gailey sera au bout du compte la première d'une longue liste de femmes victimes d'agression sexuelle de la part de Roman Polanski.

Certitudes décomplexées. Le reste est à l'avenant.

Particulièrement mal écrit, le texte laisse de surcroît entendre que la sortie de prison de Polanski se serait faite « sous la pression médiatique ». Une fois de plus, et c'est proprement sidérant, tout est à l'envers dans cette présentation de l'histoire, donnée pour allant de soi.

Mais au-delà de la stupidité de ces pages si caractéristiques, il importe de souligner ceci : l'indéboulonnable « évidence » de la nature criminelle de Roman Polanski repose sur deux piliers se soutenant l'un l'autre, mais de part en part viciés par le *fake*.

La preuve par le soufre d'une part, forgée après et autour de l'assassinat de Sharon Tate, n'est faite que de mensonges. Sa consistance ne tient qu'à la projection des fantasmes morbides d'une opinion publique dépravée par l'obscénité médiatique, et sa fonction est celle d'un (piteux) exorcisme. Autrement dit, elle n'a aucune matérialité, encore moins est-elle vraisemblable, mais elle permet de se délivrer du Mal, refoulé vers son origine « naturelle » : un Juif maléfique, qui de surcroît avait possédé – dans tous les sens du terme – la blonde et douce Californienne. On n'alla pas jusqu'à oser invoquer ce « forfait », mais il est probable que, plus ou moins inconsciemment, ce genre de pensée traversa les esprits. Non sans laisser quelques traces, comme on le verra à l'occasion de l'apparition de la toute-pure Valentine Monnier sur la scène médiatique, ou quand d'aucuns crurent judicieux de délivrer sur un plateau de télévision leur version très spéciale de l'union d'Emmanuelle Seigner avec le « diable[66] ».

Quant à la figure du délinquant sexuel majuscule, née d'une affaire qui aurait dû depuis longtemps se trouver soldée, là encore, les manipulations et les tromperies d'une justice corrompue par son addiction aux médias transformèrent l'épisode en une histoire de plus en plus trafiquée, propre à alimenter la fable du violeur psychopathe. Si bien que la fuite de Polanski, « en cavale » en effet pour les raisons qu'on sait – échapper non pas à la justice, mais à sa forfaiture tératogène –, fut perçue, et l'est encore malgré toutes les preuves des dévoiements judiciaires, comme la confirmation de son tempérament criminel. Viol, viol, viol, et encore viol désormais – et qu'importe la qualification effectivement retenue dans l'affaire Geimer.

« Viol » initial donc, démontrant paraît-il les « viols » allégués par la suite par toute une cohorte d'innocentes « victimes ». Oubliés les errements déshonorants d'une justice truquée. Le « viol » originel fit office de preuve définitive et donnée par avance pour l'opinion publique.

66. Voir les propos de Claude Askolovitch signalés plus haut.

Ce ne fut pas à proprement parler d'un « viol » qu'il s'est agi ? Tant pis. *Print, print, and print again the (black) legend.* Ainsi fabriquera-t-on du prêt-à-croire.

Les « vérités » premières sur Polanski ? Générées par le mensonge et par la duperie.

Voilà pour les fondations.

Entre 1977 et 2009, l'affaire Geimer est restée en sommeil, plus ou moins oubliée par l'opinion[67]. Elle s'enfonçait néanmoins insidieusement dans les consciences, diffusant son poison. Car certains journalistes ont continué, avec une constance irrationnelle, à vouloir dépeindre le « sulfureux » Polanski en pervers consommateur de fillettes. Depuis Jean-Pierre Elkabbach l'interrogeant il y a plus de quarante ans au sujet de son goût supposé des « petites filles[68] », sur fond d'insinuations répugnantes sur la mort de Sharon Tate, jusqu'aux chœurs médiatiques de la vague post-#MeToo. Quand, remarquablement maître de lui face à Elkabbach, Polanski rectifiait calmement, à l'évidence c'était peine perdue. Forcément, c'est qu'il cherchait à se blanchir de ses turpitudes. Et comme par un automatisme mental, Polanski incarne une fois pour toutes et sans questions LE « violeur[69] ». Ainsi, à la façon

---

67. Harvey Weinstein l'avait ressortie de derrière les fagots…

68. Dans une interview de 1979, dans laquelle il lui susurre également, à propos de l'assassinat de Sharon Tate, « mais tout de même, vous n'étiez pas tout à fait innocent ».

69. Blanche Gardin, qui ne craint pourtant pas de critiquer le #MeToo-féminisme, déclarait en 2017 au sujet de Polanski : « Il faut savoir séparer l'homme de l'artiste. C'est bizarre que cette indulgence s'applique seulement

de crises d'herpès, périodiquement les polémiques sur le « monstre » Polanski flambent, attisées par une presse toujours excitée par le « scandale » Polanski, et l'incendie qui jamais n'a cessé de couver sous la cendre repart de plus belle. 2009, 2017, et surtout, de façon cataclysmique, 2019, sont les grandes dates de ces embrasements dévastateurs.

Pour mémoire.

2009.

Relancée par le documentaire de Marina Zenovich, et dans la foulée par l'épisode ultramédiatisé de l'emprisonnement de Polanski à Zurich puis de l'assignation à résidence dans son chalet de Gstaad à la suite d'une demande d'extradition adressée par le tribunal de Los Angeles à la Suisse[70], la vieille affaire Geimer revint comme on sait sur le devant de la scène. Et si, à cette époque, Roman Polanski bénéficia du soutien public de nombre d'artistes et d'intellectuels, parmi lesquels Salman Rushdie[71], cet appui fut néanmoins dénoncé comme celui des « hommes entre eux », selon les termes d'une tribune

---

aux artistes. On ne dit pas, par exemple, d'un boulanger : "C'est vrai, il viole un peu des gosses dans le fournil, mais il fait quand même une baguette extraordinaire." » Là encore, que Polanski « viole les gosses » est donné pour un fait acquis.

70. Demande finalement rejetée, parce que les magistrats américains refusaient de fournir à la juridiction suisse devant statuer certains documents compromettants pour la justice californienne.

71. Pétition initiée par la revue *La Règle du jeu*, 10 novembre 2009.

publiée dans *Libération*[72] révoltée par ce que « les filles de rien » indignées qui l'avaient rédigée interprétaient comme une indulgence complice à son égard. Une tribune qui, dans des termes qui préfiguraient le « moi aussi » de #MeToo, accréditait *a priori*, et sans aucune réserve, les allégations d'une nouvelle accusatrice, par déduction du « viol » de Samantha Geimer – un substrat pour le moins douteux. La figure d'un Polanski violeur d'adolescentes ressurgit comme neuve sitôt que, choisissant son moment publicitaire – le Festival de Cannes –, l'actrice Charlotte Lewis accusa à grand bruit le réalisateur assigné à résidence de l'avoir violée chez lui en 1983, quand elle avait seize ans. Néanmoins une partie de l'opinion et de la presse demeurait réservée[73] quant au crédit à accorder à des accusations si opportunément mises sur orbite.

2017.

À l'ère des réseaux sociaux, le mot-dièse #MeToo déferle furieusement d'un bout à l'autre de la planète.

—

72. Lola Lafon, Peggy Sastre, « Des filles de rien et des hommes entre eux », *Libération*, 21 juillet 2010. Depuis, à la suite de la lecture du livre de Samantha Geimer, *La Fille*, Peggy Sastre, se reconnaissant dans l'attitude de cette dernière – le refus d'endosser une identité-victime –, a partiellement révisé sa position, ainsi qu'elle s'en explique dans l'article qui accompagne l'entretien qu'elle a conduit entre Samantha Geimer et Emmanuelle Seigner cité plus haut. Peggy Sastre est par ailleurs une des rédactrices de la tribune dite « tribune Deneuve », critiquant en janvier 2018 le mouvement #MeToo.

73. Fait impensable aujourd'hui, le journal *Libération* émettait quelques doutes. Voir Olivier Wicker, « Charlotte Lewis : "Je voulais être la maîtresse de Roman Polanski" », 17 mai 2010, et « Polanski, les étranges déclarations de Charlotte Lewis », 18 mai 2010.

La rétrospective Polanski organisée en octobre 2017 par la Cinémathèque – aujourd'hui inimaginable, bien que régulièrement des films de Polanski y soient encore programmés – déchaîne l'ire féministe. Les remous et incidents divers qui ponctuèrent l'événement[74] allaient donner un avant-goût de ce qui se produirait deux ans plus tard. L'association « Osez le féminisme ! » déclara ainsi :

> Par la négation des faits criminels qui lui sont reprochés, la Cinémathèque participe à l'idée que violer une enfant ce n'est pas si grave devant le génie de l'artiste.

Une autre activiste renchérit en ces termes :

> Il [Polanski] est mis sur un piédestal à la Cinémathèque française. Beaucoup d'artistes jugés coupables ou présumés coupables [*sic*] sont réhabilités par la société et continuent d'être honorés. […] On peut être un artiste brillant et une personne inhumaine.

Une « personne inhumaine » : tout est dit dans cette formule, qui fait explicitement de Polanski un monstre.

Ce qui est sans doute le plus frappant, dans les nombreux articles que la presse consacra alors à cette polémique placée sous le signe des hashtags #balancetonporc et #MeToo, c'est que, dans le rappel qu'ils font de l'affaire que la justice

74. Voir « La rétrospective Polanski maintenue à la Cinémathèque malgré la colère des féministes », *Le Figaro*, 26 octobre 2017, et aussi « Le souffle du scandale Weinstein sur le cinéma français », *Le Figaro*, 20 octobre 2017.

américaine n'a pas encore voulu clore, tous sans exception écrivent tranquillement qu'il est toujours poursuivi « pour le viol d'une mineure aux États-Unis ». Or c'est inexact, rappelons-le. La plainte initialement déposée fut effectivement une plainte pour viol. Pour autant, et quoi que veuillent croire les uns ou les autres, ce n'est pas pour ce chef d'accusation que Polanski plaida coupable, et que la justice américaine a continué à le pourchasser[75].

On observe là *in vivo* un effet presque mécanique d'un des procédés les plus éprouvés de toute entreprise d'intoxication de l'opinion : la répétition – ce qui deviendra deux ans plus tard le refrain Polanski/« Violanski » –, qu'amplifient en toute méconnaissance de cause les médias, même les plus réputés pour leur sérieux et leur souci d'une information exacte, les moins hostiles à Polanski[76] inclus. La croyance alimente la croyance, s'enfonce insensiblement dans les esprits, se substitue à ce que pourtant l'on sait, et la conviction s'installe.

---

75. En juillet 2022, la cour d'appel de Californie de Los Angeles a ordonné la levée des scellés sur la transcription d'une déposition à huis clos de Roger Gunson où il déclare notamment ceci : « Le juge lui avait promis à deux reprises [...] une chose qu'il a reniée. [...] Donc, ce n'était pas surprenant pour moi que, quand on lui a dit qu'il allait être envoyé dans une prison d'État [...], qu'il ne pouvait pas ou ne voulait pas faire confiance au juge. ». La publication de la transcription, ordonnée par le tribunal, confirme ainsi que Polanski s'était fait piéger par un juge qui n'avait cessé de corrompre la procédure.

76. Même *Le Point* en avril 2023, sur la couverture du numéro qui fait sa une sur l'échange entre Samantha Geimer et Emmanuelle Seigner, comme dans le chapeau qui présente l'entretien, cède au réflexe conditionné, parlant du « viol » de Samantha Geimer. Or non seulement cette qualification est erronée s'agissant de la vérité judiciaire, mais elle est de surcroît en contradiction flagrante avec la teneur de la conversation entre les deux femmes.

Les politiques aussi s'en mêlèrent, se rangeant déjà, admirable célérité, derrière la (non) pensée #MeToo. Ainsi lors d'une séance de questions au gouvernement, une députée de la Nouvelle Gauche exprima son « indignation devant l'hommage qui va être rendu à Roman Polanski par la Cinémathèque française en pleine affaire Weinstein et au moment où la parole des femmes agressées se libère enfin ». On entrait dans l'ère du « Victimes, on vous croit ! ». En 2017 toujours, trois nouvelles accusatrices vont rejoindre le bataillon des « victimes » autoproclamées de Polanski – les faits allégués étant tous prescrits. Une dénommée « Robin » l'accuse d'une agression sexuelle perpétrée en 1973, lorsqu'elle avait seize ans. Puis c'est au tour de Renate Langer[77], une ancienne actrice, qui dépose plainte pour un « viol » prétendument commis en 1972 à Gstaad, quand elle avait quinze ans – un *pattern* que recyclera Valentine Monnier. Enfin, *last but not least*, en octobre 2017 Marianne Barnard, une artiste américaine, accuse le réalisateur de l'avoir agressée en 1975, quand elle avait… dix ans ! L'on voit alors poindre, et commencer à se roder, un « mode opératoire » propre à #MeToo : l'accusation en série – le nombre étant censé faire preuve[78].

---

77. Celle-ci fera une apparition à la télévision peu de temps après le show d'Adèle Haenel sur Mediapart et en fera sa référence, expliquant que, « comme elle », elle « a été violée à seize ans » (même si rien de tel n'a du reste été allégué par la désormais sainte tutélaire du #MeToo du cinéma français).

78. En ce qui concerne Roman Polanski, qui n'a certes pas mené une vie de moine – ce que ne peuvent souffrir les grincheux grimant leur étroitesse en « morale » –, il convient de rappeler ce que relate dans son livre Emmanuelle

2019.

Deux ans après le lancement de #MeToo, c'est à un saut dans une autre dimension que l'on assiste. À partir de l'affaire Adèle Haenel en effet, dans la sphère médiatique et au-delà, la personne de Polanski va perdre définitivement toute réalité, devenant sans retour l'incarnation fantasmatique du Mal : c'est-à-dire le symbole massif, indiscutable, de la « culture du viol », et du crime de masse qu'elle engendrerait. Ce ne sont plus alors seulement les activistes « féministes » qui attaquent bruyamment le réalisateur et manifestent contre la projection de ses films (en l'occurrence *J'accuse*), mais l'ensemble de la classe politique de la gauche à la droite[79], cela jusqu'au sein d'un gouvernement qui emboîte le pas à la

---

Seigner évoquant le moment de leur rencontre : « Il y avait des groupies autour de lui et je n'avais aucune envie de faire partie du lot. Certaines filles étaient amoureuses, d'autres convoitaient un rôle. Il y en avait même qui couchaient devant sa porte. C'était un grand metteur en scène assez mythique, sexy, marrant, un peu arrogant, avec un accent et cette allure extrêmement jeune » (Emmanuelle Seigner, *Une vie incendiée*, Paris, Éditions de l'Observatoire, 2022, p. 37). On a reproché à Emmanuelle Seigner de le dire de façon assez cash. Mais des « fiancées en folie » qui pour de bonnes ou de mauvaises raisons veulent à tout prix qu'un homme charismatique les choisisse, cela n'a rien que de très ordinaire. Le dépit et la frustration qu'une histoire sentimentale ne suive pas lorsque l'homme convoité a consommé l'offre, combinés à la folie vindicative de #MeToo, font aujourd'hui le lit d'accusations de « viols » grossièrement invraisemblables – et par les temps qui courent potentiellement lucratives.

79. Valérie Pécresse, à la suite des allégations de Valentine Monnier, a ainsi cru bon d'expliquer que si elle avait su, elle n'aurait jamais contribué, comme présidente de la région Île-de-France, au financement de *J'accuse*. Sans parler de Roselyne Bachelot, et de tout l'entourage d'Emmanuel Macron, à l'exception notable d'Édouard Philippe, à l'époque Premier ministre.

comédienne Adèle Haenel, pythie des « vérités » sorties du grand chapeau de #MeToo, crapauds venimeux jaillissant à jet continu de la bouche d'accusatrices érigées en héroïnes. Les nouvelles intellectuelles organiques du mouvement apportent leur caution « théorique » à cette mise au pilori. Avec des effets notables dans l'opinion, y compris chez certains « défenseurs » du réalisateur, qui veulent bien sauver l'œuvre mais tiennent obstinément l'homme pour peu recommandable, telle Josiane Balasko, proclamant : « Je distingue toujours l'œuvre de son auteur. » Le type même du « soutien » empoisonné.

C'est dans ce contexte que Polanski accepte, en décembre 2019, de donner une rare interview au magazine *Paris Match*. Il y récuse avec clarté et sans acrimonie les accusations portées contre lui, notamment par Charlotte Lewis, les qualifiant d'« odieux mensonges ». Sur quoi celle-ci l'assignera… en diffamation.

Nul n'a oublié non plus la cérémonie des Césars de mars 2020, marquée par les pitoyables sketches[80] de l'animatrice de la soirée, Florence Foresti. Les relents d'antisémitisme. Les slogans brandis par des furies « féministes » proclamant que « celui qui doit être gazé, c'est Polanski », la sortie braillarde d'Adèle Haenel enfin,

80. Ponctués par des saillies aussi spirituelles que celle-ci : « Que fait-on avec Popol ? Au moment des faits qui lui sont reprochés, j'ai trois ans, en plein stade anal et lui est à Hollywood au même stade […]. Atchoum n'est pas assez grand pour faire de l'ombre au cinéma français. » Pour le décryptage des sketches de l'animatrice de la soirée, voir note 83 de ce chapitre.

dépitée par la récompense attribuée au réalisateur de *J'accuse*, suivie ce soir-là par diverses personnalités puis encensée jusqu'au ridicule[81] le lendemain dans la presse.

L'épisode le plus sinistre de ce déferlement d'insanités, dont les trottoirs de Paris auront été le déversoir infect à coups de pochoir aussi ignobles que « Polanski, bois nos règles » – inutile de faire un dessin –, aura été sans conteste la déclaration particulièrement irréfléchie et choquante du président de Yad Vashem interrogé par des « féministes » à l'occasion de la remise de la médaille des Justes à titre posthume au couple de paysans polonais qui avait accueilli l'enfant Roman Polanski pendant la guerre[82] : « On ne peut pas savoir à l'avance ce que les gens vont devenir. » Défiguration achevée de Polanski, que l'on verra culminer dans le sketch de l'« humoriste » Vincent Dedienne lors de l'abjecte cérémonie des Césars 2021. Celui-ci poussera plus loin encore la violence – et l'ignominie – des attaques contre le réalisateur que tous les nervis de #MeToo réunis lors de la désormais célèbre cérémonie de 2020 : Polanski cette fois n'était plus « celui qui devait être gazé », mais un Hitler (en pire : pédophile bien sûr)[83].

---

81. La palme de la bouffonnerie revient à la philosophe Sandra Laugier, qui qualifie sans rire cette diatribe exaltée qui touille allègrement « le viol, les exactions de votre police, les Césars, votre réforme des retraites » de « tournant épistémologique ».

82. Voir « Polanski, l'enfant sauvé », *Transfuge*, 27 octobre 2020, note 8 de ce chapitre.

83. Voir Sabine Prokhoris, « César de l'abjection », 13 mars 2021, et « Polanski, Césars de fiel », 17 mars 2020, dans la revue *Transfuge*.

Effets très concrets de la curée : désormais Polanski, à quelques exceptions près, ne peut plus guère escompter de soutiens artistiques, ni intellectuels, ni matériels. Comme le souligne Emmanuelle Seigner dans son livre, c'est bel et bien de l'empêcher de créer qu'il s'agit aujourd'hui. Autant dire de le tuer.

Rhétoriques de l'imposture

Nous avons décrit la texture mensongère et frauduleuse qui nourrit les représentations princeps accréditant la tranquille conviction que Polanski est un « monstre ».

Nous avons pris la mesure de l'impact des techniques de rabâchage inlassable – muées en automatisme – de ces désormais axiomes : Polanski « sulfureux » ; Polanski « violeur » (de mineures). Ces mantras se sont imposés, en dépit de la réalité – vous avez vu le diable ? vraiment ? –, et contre la vérité judiciaire oblitérée par la canaillerie de magistrats qui, dans l'affaire Geimer, violèrent sans scrupule les droits de la défense et ceux de l'accusation.

Tout cela – preuve par le soufre, preuve par le « viol » initial –, pour être irrecevable et entaché d'imposture, est pourtant le socle sur lequel repose la foi aveugle dans les accusations, insinuations et fables horrifiques déversées sur Polanski. Avec le « Bien » pour sauf-conduit, inutile de se montrer regardant quant à la fausse monnaie en circulation.

Or comme l'écrit Pascal au sujet des énormités proférées pas les calomniateurs jésuites accusant sans vergogne leurs ennemis de toutes sortes de péchés, « s'amuserait-on à prouver qu'on n'est pas porte d'enfer » ou « pontife du diable[84] » ? Quel effet cela pourrait-il avoir sinon, du fait même de vouloir s'en défendre, de prendre au sérieux et donc d'accorder du crédit à des absurdités ? Quant à l'infraction commise il y a plus de quarante-cinq ans – relation sexuelle illicite avec une mineure –, objet d'un « narratif » qui prend soin de coller au portrait d'un Polanski défiguré en vicieux avéré plutôt que de s'attacher à l'ambiguïté de faits remontant à une époque en tout point révolue, par quel étrange tour de passe-passe établirait-elle que Polanski soit un « violeur » en série ? Ainsi face à une surenchère d'accusations plus extravagantes les unes que les autres – et dont le caractère exponentiel devrait plutôt inciter à la prudence qu'à l'adhésion aveugle, mais la doxa #MeToo est passée par là –, ce qui est à démontrer n'est pas l'innocence de l'auteur de *Tess* ou du *Pianiste*, dont il n'est pas besoin d'être fin psychologue pour comprendre que le costume de criminel endurci et messager du Malin lui va comme une salopette à un canard – on peut toujours certes assurer sentir le « courant d'air glacé » qui « signale ta présence » (ô ! Belzébuth…) –, mais la scélératesse en habits d'ange des auxiliaires médiatiques des accusatrices.

---

84. Blaise Pascal, *Les Provinciales* (1657), *Œuvres complètes*, Paris, Seuil, « L'Intégrale », 1972, p. 445.

Il nous reste alors à examiner les procédés rhétoriques et les artifices de communication mis en œuvre pour maintenir et diffuser la « légende noire ». Des moyens si grossiers qu'on peine à croire qu'ils opèrent. C'est pourtant bel et bien le cas, comme on pourra l'observer en considérant la façon dont les médias ont traité, à partir de l'affaire Haenel, deux affaires, qu'un stupéfiant pilonnage médiatique a combinées pour en faire un attelage accusatoire de premier choix. Le dossier Valentine Monnier, que nous avons laissé en suspens, et dont il est temps maintenant de reprendre le fil pour le dérouler à partir de son lancement fracassant par *Le Parisien* commenté au début de ce chapitre ; les attaques renouvelées et particulièrement hargneuses de Charlotte Lewis contre Roman Polanski, couronnées par l'action en diffamation qu'elle a intentée contre lui à la suite de l'interview accordée par le réalisateur à *Paris Match*[85]. Il n'est pas question ici – cela serait aussi fastidieux qu'inutile, tant c'est répétitif – de brosser un tableau exhaustif de la séquence médiatique. Mais simplement, sur quelques exemples caractéristiques, de faire apparaître certains ressorts parmi les plus constants d'un *modus operandi* propre aux campagnes de presse visant Polanski[86]. Nous concentrerons nos analyses principale-

85. Propos recueillis par Hervé Gattegno et Aurélie Raya, 5 décembre 2019, *Paris Match*, n° 3684. Aurélie Raya écrira le portrait de Valentine Monnier accolé à l'entretien avec Roman Polanski.

86. Un certain nombre des procédés utilisés à des fins #MeToo se retrouvent dans d'autres affaires médiatiques, avec quelques variantes. Les affaires PPDA, Luc Besson, Jean-Luc Lahaye, Sofiane Bennacer, Gérard Depardieu, ou plus récemment Philippe Garrel, pour n'en citer que quelques-unes.

ment sur l'affaire Valentine Monnier, l'affaire Lewis étant traitée selon des modalités analogues, et venant en renfort dans la séquence médiatique[87].

Le 5 décembre 2019 donc, dans le contexte de l'affaire Haenel qui met sur orbite l'affaire Valentine Monnier, percutant ainsi de plein fouet la sortie de *J'accuse*, *Paris Match* fait donc sa une sur Roman Polanski. Photographie du visage de Polanski en couverture, une interview exclusive est annoncée en titre, présentée comme « La grande explication ». Une citation tirée de l'entretien en résume, de façon juste, la teneur : « On essaie de faire de moi un monstre. » Une interview qui se déploie sur six pleines pages, accompagnées de plusieurs photos montrant Polanski, prises à différents moments de sa vie et dans différentes circonstances. Celui-ci répond sans détour, calmement et documents à l'appui, à toutes les

---

87. *Le Parisien* sera, comme on pouvait l'attendre, aux avant-postes. Mais comme c'est devenu la règle, le reste de la presse, pavloviennement suiveuse, entonnera la même antienne. Le 19 décembre 2019, *L'Obs* titre ainsi : « Le calvaire de Charlotte Lewis ». La campagne de presse continuera d'un média à l'autre et sera périodiquement relancée. En décembre 2021, *Le Point*, suivant de nouvelles « révélations » du *Parisien*, publie un article intitulé « Affaire Polanski : ce témoin majeur qui confirme les dires de Charlotte Lewis ». Curieusement, lorsqu'un an plus tard, le 8 novembre 2022, revenant à plus de sérieux le même magazine publie, sous la plume de Nicolas Bastuck, un article intitulé « Affaire Polanski-Lewis, les rebondissements », dans lequel on peut lire que ce fameux « témoin majeur » s'est rétracté par écrit, avouant un faux témoignage, aucun média ne reprendra cette information pourtant essentielle pour l'affaire (à l'exception du *Parisien,* dans un article empreint de dépit venimeux : « Affaire Polanski : le cinéaste et ses proches lancent l'opération réhabilitation », *Le Parisien*, 29 novembre 2022).

questions des deux journalistes. Il récuse fermement toutes les accusations portées à son encontre, dont se défendre en justice est impossible, pour autant que les faits allégués sont tous prescrits. En outre, s'agissant de Valentine Monnier – la « victime silenciée » selon le lexique de la doxa #MeToo –, certains témoins qu'elle invoque ne peuvent plus parler (bel et bien « silenciés », pour le coup) pour l'excellente raison qu'ils sont morts – ce qui est évidemment très pratique pour l'accusatrice qui ne court ainsi pas le risque de voir sa parole démentie. En dépit du fait qu'en régime #MeToo il est inconcevable qu'une « victime » autodésignée ne dise pas la vérité[88], c'est tout de même préférable…

En apparence, dans la tempête qui s'abattait sur Polanski, c'était un signe qu'on était prêt à l'entendre, sans préventions. Un grand magazine ne lui donnait-il pas longuement la parole ? À mieux y regarder cependant, et indépendamment de la plainte en diffamation déposée par Charlotte Lewis à la suite de cet entretien, les choix éditoriaux de *Paris Match*, et la manière dont avait été conçu puis élaboré le dossier, ont en réalité fonctionné plutôt comme un traquenard pour Polanski. Peut-être pas exactement de façon préméditée – encore qu'il soit permis de concevoir quelques doutes –, mais, ce qui est peut-être pire, comme s'il allait de soi que telle était la manière juste et équitable de procéder.

---

88. Sur ce point, voir Sabine Prokhoris, « Quand le #MeToo-féminisme dissout le réel », *Marianne*, 1er avril 2022.

À la suite de la longue interview de Polanski en effet, une page est consacrée à Valentine Monnier. Une seule page. C'est bien le moins, nous dira-t-on. Ne se trouvait-elle pas au cœur de l'actualité médiatique concernant le cinéaste ? Sans doute.

Mais quels effets induit-elle ? Et pour quels motifs ?

En surimpression d'une photographie de Valentine Monnier toute jeune – vers dix-huit ans peut-on supposer –, voici l'étrange titre que nous pouvons lire : « Qui est Valentine Monnier, la dernière jeune femme à mettre en cause Roman Polanski ? » Une « jeune femme » ? Vraiment ? Lorsqu'elle formule si opportunément ses accusations, Valentine Monnier est une femme âgée de… soixante-trois ans. L'image – celle d'une jeune fille sexy, séduisante, qu'elle n'est plus en 2019, à la date où paraît ce portrait – confirme certes le titre : c'est bien la photo d'une jeune femme que nous avons sous les yeux. L'appétissante tentation du vampire en somme. Ou alors – mais pour le coup « à l'insu du plein gré » du magazine… – un genre de portrait de Dorian Gray ?

On imagine sans peine que si une photo de Polanski jeune homme avait été choisie pour illustrer en première page l'article, cela aurait immédiatement paru absurde et totalement incompréhensible. Curieusement il n'en est rien s'agissant de la photo en jouvencelle de « Valentine » ; sauf si on prend un peu de recul, et le temps de s'apercevoir que quelque chose ne va pas. Mais ce n'est pas immédiat : ce qui démontre l'efficacité redoutable de la tactique journalistique choisie quant à l'usage des images. Le « choc des photos » – induit pas les images qui ouvrent ces articles –, c'est le contraste entre l'homme âgé dont la photographie figure en couverture, et à plusieurs reprises ailleurs dans l'article (ce qui en soi est normal), et la « jeune fille/jeune femme ». Ce qui a pour effet quasi automatique de renforcer la sensation inconsciente que nous nous trouverions en présence d'un vieux satyre, qui s'attaque aux jeunes et accortes nymphes. Un « prédateur ».

C'est là une manipulation caractérisée de la perception du lecteur. La photo est « authentique » – c'est bien d'une photo de Valentine Monnier qu'il s'agit –, mais l'usage qui en est fait est falsificateur. L'image d'innocence et de jeunesse intacte – bafouée par le « viol » allégué – est ainsi au service d'un dispositif quant à lui nettement moins pur.

De ce tour de passe-passe, personne ne se rend compte bien sûr. Éternellement, quasi ontologiquement de par son statut de « victime » de Polanski, « Valentine » est une « jeune femme ». En outre, le choix de ce visuel donne une consistance de vérité à la fable de la miraculeuse « levée de l'amnésie traumatique ». Puisque si ce processus est capable, d'après ses promoteurs, de « téléporter » une « victime » dans le passé, ce qui fera des « souvenirs » l'équivalent de preuves matérielles, il est normal que la photo de « Valentine » soit celle d'elle quarante-cinq ans plus tôt[89]. Le chapeau ne nous informe-t-il pas que « Pour surmonter le traumatisme, Valentine a vécu dans le déni.

89. Sur les théories farfelues et dangereuses mais aujourd'hui en vogue de la psychiatre Muriel Salmona concernant l'amnésie traumatique, voir Sabine Prokhoris, *Le Mirage #MeToo*, *op. cit.*

Elle aurait souffert d'amnésie dissociative » ? Cette phrase cite une des personnes interrogées. Mais dans le chapeau, elle est donnée sans guillemets, reprise donc à son compte par sa rédactrice. Il est donc acquis pour elle – et ainsi pour le lecteur docilement enfumé – que le traumatisme a bien eu lieu (que Polanski a violenté Valentine Monnier), attesté par le « déni » qui va avec : ce qui explique le réveil tardif de la « victime », le baiser de #MeToo – la « Princesse charmante » Adèle Haenel en l'occurrence – ayant fait son office. La seconde phrase du chapeau utilisera le conditionnel, mais uniquement pour le diagnostic – l'« amnésie dissociative » – supposé expliquer quelques incohérences, la journaliste s'en remettant sur ce point à l'autorité des autoproclamés « spécialistes du viol » qui l'ont « théorisée ».

Quelques remarques sont ici nécessaires au sujet du curieux entrelacement, dans la totalité des articles qui touchent à cette affaire (mais cela se répète pour toutes les autres, et au-delà de Polanski), des modes indicatif et conditionnel. Nous en avons dit un mot déjà, mais il importe d'y revenir. Car ce que nous observons de façon constante, c'est que le conditionnel de déontologie journalistique affichée se trouve invariablement désactivé. Désactivé non seulement par le lexique utilisé – on nous parle ainsi du « témoignage » plutôt que d'allégations, pour qualifier la nature des propos des accusatrices –, mais par la remarquable subordination desdits conditionnels à des phrases à l'indicatif qui jouent comme clés – au sens musical – de lecture. Ainsi, toujours à propos de Valentine

Monnier, ce passage du livre de Marine Turchi, *Faute de preuves*[90]. Sous l'intertitre « On m'engagea à oublier » (ce qui, soit dit en passant, est légèrement en contradiction avec la théorie de l'amnésie traumatique, qui ne se produit pas sur commande, si l'on en croit les « théories » en vogue), voici ce qu'écrit la journaliste, connue pour ses « enquêtes » façon KGB menées, comme le signale sans aucun état d'âme la « boîte noire » qui suit chacune d'entre elles dans Mediapart, sur la base désormais rodée d'appels vertueux à la délation (d'aucuns ont appelé cela « éthique du reporter[91] ») :

> Les faits qu'elle dénonce ont eu lieu à l'hiver 1975. Valentine Monnier vient alors de fêter ses dix-huit ans. La bachelière est invitée par une connaissance à aller skier avec des amis à Gstaad (Suisse), chez Roman Polanski. D'après son récit, c'est à l'issue d'une descente de ski aux flambeaux, et en l'absence des autres convives dans son chalet, que Roman Polanski, nu, se serait jeté sur elle, l'aurait frappée, lui aurait arraché ses vêtements, aurait tenté de lui faire avaler un cachet avant de la violer.

Suit la reprise du récit pour le moins outrancier – mais plus c'est gros, plus ça plaît, et plus ça passe – livré par Valentine Monnier au *Parisien.* Comme on peut le

---

90. Marine Turchi, *Faute de preuves*, Paris, Seuil, 2021.
91. Sur ce point, voir Sabine Prokhoris, *Le Mirage #MeToo*, *op. cit.*

constater, Marine Turchi n'écrit pas que ces faits « auraient eu lieu », mais, noir sur blanc, qu'ils « ont eu lieu ». C'est énorme. Mais d'une efficacité redoutable[92]. Une efficacité que potentialise la mise sur le même plan, dans la dramaturgie journalistique dont use Marine Turchi, d'un fait indubitablement réel – en 1975, Valentine Monnier a en effet dix-huit ans –, et d'une assertion dont on peut à tout le moins douter. Mêlé au vrai (l'âge de la jeune femme), le faux « vrai », – ou le vrai faux : « les faits ont eu lieu ». Et hop ! le tour de passe-passe attrape et englue sans difficulté les esprits paresseux, d'autant plus disposés à s'en laisser conter que la Cause semble immaculée.

On observera aussi, passé le titre choisi par *Paris Match*, l'usage dans le chapeau du seul prénom de la prétendue « jeune femme » : « Valentine a vécu dans le déni ». Ainsi s'installe d'emblée une proximité, une empathie du lecteur, subrepticement conduit à se sentir solidaire de l'innocente « victime » du monstre. C'est assez peu subtil, mais ça fonctionne à merveille. En prime, et de façon subliminale, cela permet de faire surgir l'image d'une très jeune fille – une enfant presque (âgée lors de l'interview de soixante-trois ans, oublions cela...) : qui, sauf à en être intime[93], ne désigne-t-on

92. Sur l'efficience impressionnante de ce procédé rhétorique effrontément mensonger, voir : https://www.mezetulle.fr/destins-du-conditionnel-a-la-mode-metoo/

93. Dans l'article, le prénom Roman utilisé seul ne l'est que dans des citations d'amis.

que par son prénom, si ce n'est un enfant ou un tout jeune adolescent ? Par ce procédé surgit, telle l'ombre de Peter Lorre dans *M le Maudit*, celle du « pédocriminel » – R. P. le Maudit.

Ce portrait de « Valentine » ne serait pas complet sans la touche finale qui la dépeint, par la bouche d'une de ses proches, en héroïne aux intentions magnifiquement altruistes, animée du « courage nécessaire » pour agir « au nom des femmes broyées ». N'est-ce pas bouleversant ? Moralement admirable ?

À côté de pareille grandeur d'âme, devant laquelle le lecteur aurait mauvaise grâce à ne pas s'incliner, comment apparaîtra l'interview de Polanski ? Inévitablement sujette à caution. D'autant que la façon dont elle est éditée est clairement orientée. Ainsi le chapeau. S'ouvrant par un rappel de sa stature artistique, puis des tragédies de sa vie, il donne pour commencer l'impression que l'on est bien disposé envers le « monstre ». Mais vient soudain une phrase particulièrement retorse, par laquelle tout se retourne. Une phrase-verdict en somme, comme la conception générale du dossier le montrera : « Aujourd'hui il fait face à des accusations qui transforment l'admiration en répulsion : des accusations répétées de viol, et notamment sur mineures. » « Répulsion » : il n'aura échappé à personne que c'est là le titre d'un des premiers films du réalisateur. Un film de terreur, de folie, et de crimes issus de cette folie. On fait surgir ainsi, par association vague – à des années-lumière du film cependant, mais peu importe –, le halo maléfique qui enveloppe Polanski, ce dangereux psychopathe. L'on donne de surcroît une « bonne » raison à la violence haineuse déchaînée contre lui. La haine, ce n'est pas beau. Mais la « répulsion », c'est une réaction naturelle, et saine, face au crime. Le rejet (haineux, mais on ne le dira pas) s'en trouve justifié.

Le « poids des mots ».

Le magazine ajoute, assez perversement même si c'est peut-être sans malignité délibérée :

> Ce dossier, personne mieux que lui ne le connaît. Pour *Paris Match* en exclusivité il se défend.

Il « se défend » – donc cherche à se disculper. Mais alors, ne ment-il pas sciemment, puisqu'il « connaît le dossier » ? La formule est ambiguë. Car indéniablement, l'ensemble du dossier concocté par *Paris Match* aboutit à cette éventualité, puisque à lire la page consacrée à Valentine Monnier, il ne peut faire aucun doute qu'elle dit la vérité. Si bien que si l'un (Polanski) « se défend », et l'autre (la fausse « jeune femme ») dit vrai, comme cela est suggéré de façon appuyée, la déduction nécessaire, inconsciemment opérée par le lecteur car téléguidée par les choix éditoriaux du magazine, sera que très probablement Polanski ment. Et s'il ment sur Valentine Monnier, il doit à coup sûr mentir aussi sur le reste. Le rappel de l'affaire Samantha Geimer intervient d'ailleurs à point nommé pour rappeler les tendances « violeuses » bien ancrées de Roman Polanski. Si bien que le constat tristement lucide de Polanski qui donne son titre à l'interview, « On essaie de faire de moi un monstre », finira par sonner comme une manière d'aveu.

Une deuxième citation de Polanski est mise en exergue au début de l'entretien, en forme de protestation désabusée : « C'est facile d'accuser quand les faits sont prescrits et qu'il n'y aura pas de procédure pour me disculper », dit-il. Mais dans le contexte #MeToo, cela aggrave son cas. Car la prescription signifie désormais non pas l'oubli qui pacifie, mais au contraire la suspicion infinie. Le caractère alors interminable du soupçon se mue imperceptiblement en présomption, voire en certitude de culpabilité. Une culpabilité redoublée par l'impunité pénale[94] que la prescription est supposée vouloir garantir aux criminels.

Point de salut pour Polanski, donc.

Pris dans son ensemble, le dispositif journalistique de ce dossier se révèle redoutable. Pour être cousus de gros fil blanc, ses procédés et artifices demeurent invisibles – ou plus exactement non vus. Et quand bien même ce ne serait pas à dessein – ce qu'on pourrait concéder –, la teneur de l'interview de Polanski se trouvera dûment torpillée par les pages qui suivent sur « Valentine ». On peut admettre que les concepteurs du dossier ne soient pas nécessairement machiavéliques. Le plus probable est

94. Voir l'article des avocats Marie Dosé, Céline Lasek, Delphine Meillet, Christian Saint-Palais, Daniel Soulez-Larivière (†), Hervé Temime (†), « Violences sexuelles : le tribunal médiatique a fini par contaminer l'ordre judiciaire », *Le Monde*, 14 février 2021.

qu'ils ne se rendent pas entièrement compte des effets de leurs curieux partis pris d'édition, tant ils se montrent imbibés de certitudes entêtées, et presque à leur insu assujettis à la doxa #MeToo. Peut-être est-ce cela le plus désespérant.

Mais en pleine effervescence Adèle Haenel, et au moment de la sortie controversée de *J'accuse*, *Paris Match* aura réussi son « coup » médiatico-moral : d'un côté une interview exclusive – et de fait réellement consistante – de Polanski, qui ne s'exprime quasiment jamais sur ces affaires ; de l'autre et en même temps, une obole significative versée à la Grande Cause #MeToo, par sanctification de Valentine Monnier. D'une pierre deux coups (même si l'opération au bout du compte se retournera contre le magazine, puisque Charlotte Lewis l'assignera solidairement dans sa plainte en diffamation contre Polanski). Mais faire le buzz, cela n'a pas de prix, alors…

Quoi qu'il en soit, cet échantillon du traitement médiatique du cas Polanski est instructif à plus d'un titre. Il est un condensé de ficelles rhétoriques rudimentaires mais efficaces dans un univers formaté par la soumission à une Cause qui anesthésie toute possibilité de contradiction, ou même tout simplement de recul critique. En outre, il offre un exemple achevé et particulièrement retors de la fausseté qui obère entièrement l'affaire Polanski : on prétend accorder la parole au « monstre », quel courage journalistique n'est-ce pas, mais pour mieux le couler[95].

95. Sur ce même modèle, l'émission « Complément d'enquête » du 11 novembre 2021, sur France 2, intitulée « L'accusé Polanski ». Là encore,

On se donne à peu de frais les apparences de l'objectivité exigeante, et équitable, du grand journalisme. Le tout s'adossant sans l'épaisseur d'un cil de distance critique aux « révélations » du *Parisien.* Ah, le doux plaisir du sensationnel moralisé… Repeinte en probité journalistique, l'exécution est si douce au cœur !

Revenons quelques instants au *Parisien*, pour quelques brèves remarques encore.

Dans son article, après avoir pris soin de rappeler le « viol » d'une « mineure de treize ans » pour lequel Polanski est « toujours poursuivi par la justice américaine » – l'incrimination n'est pas celle-là, mais il convient de coller à la légende plutôt qu'à la vérité judiciaire –, et non sans avoir fait ses ablutions journalistiques (en sacrifiant au conditionnel : « Valentine Monnier nous raconte alors ce qui se serait passé ce soir d'hiver 1975 »), Catherine Balle, écrit :

> Ce chalet, où elle partage sa chambre avec son amie, abrite aussi Gérard Brach, fidèle scénariste du réalisateur, sa femme, le cinéaste bien sûr, et Hercules Bellville, son assistant. Qui, énigmatique, glisse à

sous couvert d'une enquête « objective » (on entendra notamment Samantha Geimer défendre Polanski), la soirée établit un dispositif de lecture totalement biaisé, le documentaire étant suivi par une interview de Charlotte Lewis en « victime » et, tombant comme un cheveu sur la soupe, de Sand Van Roy, l'actrice qui a accusé Luc Besson de viol – et qui fut totalement déboutée par la justice. Quel rapport avec Polanski ? Eh bien elle aussi est la « victime » (autoproclamée) d'un « prédateur ».

Valentine : « Attention, vous rappelez quelqu'un à Roman. »

Hercules Belville est décédé, il ne peut pas rire au nez de l'accusatrice de Polanski. Mais n'est-il pas flagrant que quelque chose ne va pas, dans cette notation naïvement obscène censée conférer une crédibilité irréfutable aux allégations de la « femme réfléchie et directe » (selon l'appréciation de la journaliste, qui se porte ainsi garante de la véracité du récit) ? À trop vouloir prouver… Car que signifie ce prétendu avertissement ? Que la jeune et blonde Valentine Monnier évoquerait à Polanski son épouse décédée – ah oui ? –, et que cette prétendue « ressemblance », inventée sans aucun scrupule et assez sottement par Valentine Monnier pour les besoins de son récit, aurait motivé la brutalité lubrique de Polanski. Peut-il se concevoir chose plus invraisemblable ? L'évocation de la femme aimée disparue déchaînerait ceci : « Il me frappa, me roua de coups jusqu'à ma reddition puis me viola en me faisant subir toutes les vicissitudes » ? Orphée ne rêverait que de brutaliser Eurydice, sautant enfin sur l'occasion (l'innocente Valentine Monnier) d'assouvir cet insatiable désir de viol (conjugal/nécrophile) ? On se demande vraiment qui a l'esprit dérangé…

Aucun problème pour la journaliste quelque peu irréfléchie (ou simplement peu intelligente, ou qui croit tout bonnement que Polanski est en réalité le comte Dracula), laquelle poursuit ainsi :

> Après une première nuit, Valentine part skier avec le cinéaste et certains de ses amis dans une ambiance « bon enfant ». Jusqu'à ce que Polanski, seul sur le télésiège avec elle, lui demande : "*Do you want to fuck ?*" *(NDLR : « Est-ce que tu veux b… ? »)* La jeune femme répond « Non », et la conversation tourne court. Le soir, Valentine dîne dans un restaurant d'altitude avec Roman Polanski, celui-ci lui ayant proposé de participer à une descente aux flambeaux. Une fois en bas de la piste, le réalisateur propose de repasser au chalet, avant de retrouver son groupe d'amis dînant de leur côté dans la station. Valentine rejoint sa chambre, se change. Quand Polanski l'appelle à l'étage. « La vie ne m'avait pas encore formée à me méfier », se souvient-elle. Mais une fois arrivée sur le palier, celui-ci, nu, se jette sur elle, la frappe, lui arrache ses vêtements, tente de lui faire avaler un cachet et la viole.

C'est la journaliste qui écrit cela au présent de l'indicatif pour plus de vivacité réaliste, assumant alors en son nom, sans un cheveu de distance, ce *storytelling* de (mauvais) roman gothique.

Ce mixte d'invraisemblances, de confusion, de formatage de l'empathie des lecteurs, d'emprunts aux pseudo-théories psys qui s'abreuvent de la doxa #MeToo et d'artifices rhétoriques, se décline à l'infini dans toutes les campagnes de presse qui ciblent Polanski. Partout les mêmes clichés, les mêmes procédés. L'interview lunaire de Charlotte Lewis par exemple, réalisée par Catherine

Balle (toujours elle) pour *Le Parisien*[96], relève des mêmes méthodes. Charlotte Lewis, décrite par la journaliste jamais avare de ses appréciations comme « émue mais déterminée », qui a quant à elle poussé l'acharnement, rappelons-le, jusqu'à assigner Roman Polanski en diffamation pour avoir osé ce « crime » – un deuxième « viol » en effet selon elle : soutenir que ses allégations étaient mensongères. Stupéfiante inversion – encore – par laquelle un homme diffamé depuis plus de cinquante ans devient la cible d'une plainte de cet ordre.

Sur la seule base d'un raisonnement circulaire infini – c'est-à-dire vide –, en forme de « Polanski est mauvais (un "monstre") donc il est coupable, donc il est mauvais (un "monstre"), donc il est coupable », et ainsi de suite, la condamnation de Polanski est prononcée. Irrévocablement semble-t-il, invincible à tout démenti. Un témoin à charge de Charlotte Lewis contre Polanski se rétracte, reconnaissant par écrit avoir produit un faux témoignage sur ordre de Charlotte Lewis ? Fumée. L'article précis publié dans *Le Point*[97] met les points sur les *i* ? Aucun média ne reprendra cela, qui est pourtant considérable – à l'exception du *Parisien*, dans un article cité plus haut. Visiblement furieux, le preux paladin de Valentine Monnier se fait fort de rétablir la « vérité ».

---

96. *Le Parisien*, « Charlotte Lewis accuse Roman Polanski de viol : "Je n'ai jamais changé un mot de mon récit et je suis prête à aller au tribunal" », 17 décembre 2021.

97. Voir note 87 de ce chapitre ; « Affaire Polanski-Lewis. Les rebondissements », *Le Point*, 8 novembre 2022.

Titrant en parlant d'« opération de réhabilitation », *Le Parisien* choisit d'attaquer Emmanuelle Seigner, dont le livre tout juste paru n'est, selon ce journal, « que l'un des volets d'une stratégie plus large ». Ses « propos [ceux d'Emmanuelle Seigner] contredisent les témoignages, collectés par *Le Parisien*, de deux hommes qui se trouvaient à Gstaad ce soir de 1975 : dans des attestations signées, Charles (le prénom a été changé) assure avoir recueilli Valentine Monnier. Elle lui a alors déclaré que le cinéaste l'avait violée », écrit le quotidien. L'« enquête » au-dessus de tout soupçon confiée à Catherine Balle étant la garantie sacrée de la parole des « victimes » auto-désignées (avec l'aide obligeante des médias en meute) du « violeur » en série Polanski, c'est Emmanuelle Seigner qui ment. Forcément…

2023.

Quarante-six ans après les événements, Samantha Geimer apparaît à nouveau sur le devant d'une scène que, bon gré mal gré, elle n'a jamais vraiment quittée. La *story* de son « viol » par Polanski va cette fois, et par elle-même, se trouver sérieusement ébranlée. La voici en dialogue amical et confiant avec Emmanuelle Seigner. Et cela change tout. Elle confie, dans l'entretien croisé cité plus haut[98], que ce qui s'est passé avec Polanski n'est « pas bien grave » à ses yeux :

---

98. Voir note 48 de ce chapitre.

> Que je sois bien claire : ce qui s'est passé avec Polanski n'a jamais été un gros problème pour moi. Je ne savais même pas que c'était illégal, que quelqu'un pouvait se faire arrêter pour ça. J'allais bien, je vais toujours bien. Et qu'on ait fabriqué ce truc qui se serait produit et qui n'est pas vraiment ce qui s'est passé, cela me pèse énormément. Devoir constamment répéter que ce n'était pas bien grave, c'est un terrible fardeau.

On a « fabriqué ce truc qui se serait produit et qui n'est pas vraiment ce qui s'est passé », insiste-t-elle. Comprenne qui voudra… Déclaration de nature en tout cas à fissurer la *black legend*, à laquelle et en partie malgré elle cette péripétie de sa vie et de celle de Polanski a fatalement contribué.

Dans le même entretien, elle raconte – c'est quasiment inaudible aujourd'hui, Samantha Geimer en est parfaitement consciente :

> À l'époque, tout un tas d'adolescentes auraient rêvé de se retrouver dans la maison de Jack Nicholson pour s'envoyer en l'air avec le premier type qui leur serait tombé sous la main.

On ne saurait se montrer plus clair.

Elle ajoute que « dans sa tête », elle n'était pas « une enfant, mais une adulte en formation ». Emmanuelle Seigner pour sa part, qui a vécu son adolescence à peu près à la même époque, remet les choses en perspective dans ses remarques sur le terme anglais *teenager*[99].

Indéniablement, ce vœu éperdu d'appartenir au monde des adultes – une aspiration tombée de la planète Mars pour les jeunes gens d'aujourd'hui obsédés du *safe space*[100] –, particulièrement exacerbé sans doute chez les adolescents dans cette assez brève période d'insouciance sexuelle entre la pilule et le sida, n'est pas si simple à vivre. « Je ressemblais à un enfant surdimensionné qui prétendait être un adulte ou à un adulte qui prétendait être un enfant surdimensionné, ce qui était bien pire[101] », écrit Bret Easton Ellis, relatant une inconfortable situation de séduction, pour une part transactionnelle façon Harvey Weinstein, entre l'adolescent qu'il fut et un homme fait. Fort différente en l'occurrence de ce qui a pu circuler, dans l'« obscure clarté » du désir, entre Roman Polanski et Samantha Geimer.

La description que Polanski avait faite pour sa part de sa rencontre avec la jeune fille, et de son attitude « typique

99. « Et en anglais, c'est très clair : vous n'êtes plus dans la même catégorie quand vous passez 13 ans. C'est le moment où vous devenez une *teenager*. Quelque chose se passe entre 12, *twelve*, et 13 ans, *thirteen*, qui est composé sur le même modèle que 14, *fourteen*, 15, *fifteen*, et ainsi de suite jusqu'à 20 ans, qui est un autre cap. » Cela rejoint les réflexions de Bret Easton Ellis dans plusieurs interviews récentes autour de son roman *Les Éclats* déjà cité.

100. Au point que de jeunes agrégatives de lettres, futures enseignantes, considéreront un poème de Ronsard comme potentiellement traumatisant, au motif aberrant qu'il ferait l'apologie du viol. Voir Sabine Prokhoris, « Ronsard, ce violeur », *Libération*, 12 septembre 2019.

101. Bret Easton Ellis, *Les Éclats*, *op. cit.*, p. 171.

de l'adolescente qui veut paraître *cool*[102] », montre qu'il avait très bien perçu l'aimantation de l'adolescente vers un monde adulte fantasmé. Mais sans en mesurer probablement l'ambivalence, dans une Amérique où, même au cœur de l'effervescence des années 1970, le sexe restait un péché[103]. Et de toute façon la jeune fille était mineure. En conséquence, il aurait dû prudemment s'abstenir. Cela n'est pas contestable. Il ne le conteste pas.

Pour autant, si de fait la relation fut illicite, et sans doute pour nombre de raisons perturbantes pour la trop jeune fille – rêver d'appartenir au monde adulte n'implique nullement en effet que s'y trouver soudain projetée soit une expérience inoffensive –, la qualifier de « viol », comme tous y tiennent *mordicus* quitte à s'arranger autant avec la vérité judiciaire qu'avec la dimension singulière de cette rencontre-là dans ce contexte-là, est abusif.

En témoignent non seulement ce que dit à demi-mot – voire à trois quarts de mot – Samantha Geimer, pour la première fois de façon aussi claire il est vrai, mais aussi une photographie prise juste après l'échange entre

---

102. Roman Polanski, *Roman par Polanski*, *op. cit.*, p. 608.

103. Ces traces d'un puritanisme profondément ancré demeurent vivaces. On se souvient de l'affaire Monica Lewinsky en 1995, et aujourd'hui la Cour suprême envisage d'interdire à nouveau la sodomie, dépénalisée au début des années 2000. L'on observera que les plus rigides conservateurs et les cohortes « progressistes » du mouvement #MeToo se rejoignent pour jeter *a priori* la suspicion sur le sexe. Ron DeSantis, aussi woke que les autoproclamés woke, a ainsi récemment voulu interdire que l'on enseigne à l'école *Roméo et Juliette* – sexualité adolescente, horreur et damnation ! – et, d'une façon générale, entend bien expurger Shakespeare.

Emmanuelle Seigner et Samantha Geimer[104], dont nous dirons quelques mots pour terminer ce chapitre.

On y voit Samantha Geimer, souriante, entourer de son bras avec une affection manifeste Roman Polanski, souriant lui aussi. Rien de factice dans cette image amicale et légère. Le simple bon sens – comme « *l'expérience de la vie* », selon une sage expression du juge polonais Mazur cité plus haut – nous interdit d'interpréter l'image comme la rencontre « résiliente » d'une « proie » et de son « bourreau » pervers. Pareille lecture n'est tout simplement pas juste. Qui peut concevoir qu'une femme violentée pose de cette façon aux côtés de son ancien violeur ? Même après quarante-six ans, même si on a chrétiennement « pardonné », cela n'est pas vraisemblable. La photographie dit tout autre chose, confirmant avec éclat ce que laisse entendre assez explicitement Samantha Geimer dans sa conversation avec Emmanuelle Seigner.

On ne saurait non plus imaginer la même image en remplaçant, auprès de Samantha Geimer, Roman Polanski par le juge Rittenband – s'il vivait encore – ou par l'un de ses acolytes ou successeurs plus soucieux de ne pas faire perdre la face à l'institution judiciaire que d'équité et de simple justice.

Au moment où cette photo est prise, Samantha Geimer a soixante ans. Elle n'est définitivement plus « *the girl* » – et c'est autre chose, cela, que le mensonge sur la « jeune femme » de soixante-trois ans inoculé par *Paris Match.* Et

104. Voir Sabine Prokhoris, « Affaire Polanski : quand une image dit la vérité », *Marianne*, 5 mai 2023.

l'on songe à cette notation profonde de Bret Easton Ellis écrivant, dans les dernières pages de son roman, qu'« à cinquante-six ans, *le fait* d'avoir dix-sept ans est devenu plus clair pour moi d'un point de vue émotionnel[105] ». Il aura fallu quarante ans pour cela : que le temps – « l'expérience de la vie » en d'autres termes – fasse son œuvre. Sans doute en va-t-il de même pour Samantha Geimer : *le fait* d'avoir quatorze ans est devenu pour elle « plus clair d'un point de vue émotionnel », ainsi qu'en témoignent les propos qu'elle tient dans *Le Point*.

L'épisode confus de ses presque quatorze ans s'estompe, s'éloigne dans le passé ; subsiste en revanche la mémoire clarifiée de l'état d'adolescence dont la maturité translucide de la femme enfin tout à fait libre éclaire la vérité subtile. À la bonne distance – enfin ! Fini l'arrêt sur image – une image falsifiée car devenue otage de l'opinion publique. Nous ne sommes plus, face à cette photographie si vivante, dans le musée de cire des horreurs, où Polanski-le-violeur et Samantha-la-violée-initiale se voient figés pour mille ans et l'édification des masses. Nous reprenons pied dans la réalité. Ainsi peut nous être transmise une vérité, indéniablement complexe.

Alors les présentations de cette photo auront beau vouloir à toute force y voir la scène sulpicienne non crédible, parfaitement invraisemblable même, de la victime emblématique accordant son pardon à son non moins emblématique « bourreau », l'image est plus forte. Certes

---

105. Bret Easton Ellis, *Les Éclats*, *op. cit.*, p. 599.

la presse, dans la quasi-totalité de ses commentaires, n'a pas voulu lâcher ce « narratif » fondateur : le « viol » de l'adolescente – pas plus que le personnage du sketch de Fernand Raynaud ne parvient à renoncer à ses croissants inexistants.

Ce ne sont que les scories poisseuses d'un fantasme.

Cette photo incroyable, inattendue, se substitue enfin – c'est la justesse même, et c'est justice – aux photos de Samantha Geimer que l'on voit depuis quarante ans invariablement illustrer toute référence à cet épisode : les images de l'adolescente prises jadis par Roman Polanski. Jusqu'à présent, cette femme demeurait pour tous et pour l'éternité la très jeune fille – « la fille ». Hors du temps. Hors de la vie. Loin du vrai. La couverture de son livre a du reste contribué à figer cette perception mystificatrice, devenue, par la force de l'anathème dont se trouve frappé Polanski, le gage truqué d'une « vérité » factice. La photo du 7 mars 2023 crève l'écran du *fake*. Elle lève un sort. Car, qu'on le veuille ou non, elle dit la vérité – la vérité sur la jeune fille d'hier. La vérité sur sa relation d'alors avec Roman Polanski, qu'assume aujourd'hui la femme mûre.

Mais pourquoi préfère-t-on *croire* plutôt que *voir* ? *That is the question…*

La passion d'élucider

Je préfère faire confiance au réel. Son imagination
est beaucoup plus puissante que la mienne.
Elle m'intéresse bien davantage.
Carlo Ginzburg

Littéralités

Les trois sœurs fatales ne font pas croire quoi que ce soit à Macbeth. Elles ne le trompent pas. De la façon la plus littérale, leurs paroles claires et obscures lui disent la vérité de son destin. Lorsqu'il revient vers elles, après le meurtre du roi Duncan, et les questionne, elles la lui font apercevoir, en éclats explicites diffractés dans leur miroir magique, de ses propres yeux. Les sorcières de *La Tragédie de Macbeth* lui montrent dans quel abîme de noirceur terrifiée son aveuglement obstiné, sa surdité volontaire à leur message précipitent cet homme faible, guerrier valeureux mais qui a peur de lui-même, personnage falot, captif de son irrépressible et si banal appétit de pouvoir. Un benêt, en somme, paré de gloire clinquante. Agamemnon obtus, plutôt qu'Ulysse aux mille tours. Mais leurs prédictions révèlent autre chose que ce qu'il lui plaît de croire, jusqu'à ce que l'évidence du réel le rattrape, et qu'il comprenne enfin – mais bien trop tard – ce qu'il en est. Le destin de Macbeth sera funeste. Plus il louche sur la part des prophéties qui flatte son ambition convenue, plus ce faisant il tente de fuir son destin, et plus il s'y précipite, de crime en crime. Y prend-il goût ? S'enivre-t-il de ses forfaits ? Bien plutôt s'en étourdit-il. Car en un sens, leur accumulation quasi grotesque les déréalise. « Je serai roi, ô merveille ! » s'obnubile-t-il. Le hochet géant qu'il agite lui bouche l'horizon, obture son esprit, en fait un assassin. Ainsi échoue-t-il à concevoir la vérité pourtant explicitement signifiée. Au fond de lui-même cependant, il sait bien qu'il se perd. « Étoiles, cachez vos feux ! Que la clarté ne puisse voir mes désirs profonds et noirs. » *La Tragédie de Macbeth* n'est pas tant une pièce sur le Mal, comme on l'a souvent lu, même si l'égarement criminel de Macbeth ira croissant après le premier meurtre. C'est une pièce sur la peur – elle-même dissoute au-delà d'un certain seuil, plus de repères alors –, sur les mensonges qui en procèdent, et surtout sur la bêtise humaine dont dérive le mal. Le mal, ou l'horreur accomplie.

Sans doute Macbeth n'est-il pas foncièrement mauvais, ni véritablement cruel, « trop plein du lait de la tendresse humaine », songe Lady Macbeth, adepte sans état d'âme – quoique – du « chemin le plus court » : celui du meurtre. Macbeth reste une énigme – pour lui-même d'abord. Sans doute dans un autre contexte, cet égorgeur brutal et timoré – l'étrange mélange ! – serait-il juste un gentil garçon, avec sa mine de gendre idéal dans le film de Polanski. Il n'est pas Richard III, ni Iago, ne tire guère de plaisir du mal qu'il perpètre ; bien plutôt le fuit-il, tentant stupidement de le noyer, sans parvenir à s'arrêter, dans un crime plus grand encore, tel l'enfant qui, ayant maculé d'encre un tissu, cherche à dissoudre la tache dans une autre plus énorme. Lady Macbeth quant à elle, glaçante pousse-au-crime, se révèle au bout du compte moins monstrueuse qu'annoncé, sans quoi nul remord torturant ne la ferait délirer et manifester aussi clairement, dans ses accès de somnambulisme, la vérité sur le crime. Comme très souvent dans la vie, si l'on excepte quelques personnages qui jouissent sans entraves de la souffrance qu'ils infligent, le mal commis l'est par faiblesse, sottise, paresse même : celle de l'incapacité, dans certaines circonstances, à se représenter pleinement la réalité de ce que l'on fait. Laisser gouverner son esprit par quelques lubies, par des clichés aussi rebattus – une couronne, un sceptre –, c'est à la portée de n'importe quel nigaud prêt à se laisser tourner la tête. Parvenir à se figurer – à voir par l'imagination – le réel, y compris dans ses aspects les plus déplaisants, mais aussi dans ses possibilités insoupçonnées, c'est une tout autre affaire. De cela, l'esprit étroit de Macbeth ne se montre pas capable. Et c'est à contretemps que ce réel ineffaçable viendra brutalement le hanter après coup, sous la forme du spectre sanglant de Banquo. Macbeth n'est que médiocre, un gangster à la petite semaine façon Arturo Ui[1], aveuglément aimanté par le fantasme du pouvoir. C'est un

1. Comme Macbeth ou Richard III, celui-ci verra apparaître le spectre d'une victime.

homme sans envergure en réalité, inconsistant sous son grand apparat guerrier, dupe de l'image – fausse – que lui renvoie le regard admiratif des autres chefs d'armée, et le vœu écervelé de Lady Macbeth.

Mais surtout il manque totalement d'imagination. Il en faudrait au moins un peu, pour se figurer la forêt de Birnam à l'assaut de Dunsinane : une armée nombreuse bien réelle, les branchages de la forêt qui fait face au château en guise de tenue de camouflage. Un guerrier comme Ulysse aurait immédiatement compris, imaginé la ruse des armées ennemies ; leur rationalité tactique inventive – rien d'une magie surnaturelle. De même, tout à son absurde fantasme d'invincibilité – celui du despote, acculé à demeurer le seul survivant[2] –, enfilant alors les crimes comme des perles sur le collier du malheur, Macbeth est incapable de se représenter l'enfant arraché avant terme au ventre de sa mère morte – Macduff qui « n'est pas né d'une femme ». Macduff dont Macbeth, par « précaution » mais armant ainsi un bras vengeur, fera assassiner l'épouse, les enfants et toute la maisonnée. Les yeux rivés sur un très conventionnel caprice de grandeur, il bute et répétitivement trébuche sur ses forfaits accumulés. Il

2. Élias Canetti décrit magistralement cela, dans le chapitre intitulé « Domination et paranoïa » de son grand livre *Masse et puissance* (1960), trad. Robert Rovini, Paris, Gallimard, « Tel », 1998. Il résume ce processus p. 437-491 : « Il veut être le seul à se dresser encore vivant sur un gigantesque champ de cadavres, et ce champ de cadavres contient tous les autres hommes », écrit-il à propos du despote paranoïaque. Mais la « débâcle » le menace en permanence, il vit dans la peur, et sa chute est inéluctable, comme l'explique lumineusement Canetti. Son propos éclaire avec acuité *Macbeth*.

ne parvient pas à saisir le sens de sa rencontre avec les sorcières, moins encore lorsque, effrayé par son premier crime, il les interroge à nouveau et qu'elles lui en disent – et lui en montrent – davantage. Telle est la tragédie de Macbeth, sanglante mais cruellement comique aussi, puisqu'il n'a tellement, mais tellement rien compris – rien voulu comprendre ! La forêt en marche, avant l'issue fatale au vulgaire parvenu du pouvoir royal – Macbeth, l'assassin emplumé de gloire que son crime a fait roi, aussi borné qu'un personnage catastrophique d'un film des frères Coen –, c'est drôle tout de même. Ces « exhalaisons marécageuses » ne mentent pas, « mais elles suscitent une sorte de prostration hagarde par le vêtement de sarcasmes dont elles enrobent des conséquences inouïes. Eh oui. Aussi bien quand elles parlent de la forêt frappée de folie que du vengeur Macduff qui n'est pas né d'une femme. Ce n'est pas de l'épate. La force de leurs prédictions lugubres est dans leur invraisemblable littéralité[3] », écrivait André Siniavski avec une pénétration sans pareille – si ce n'est celle de Roman Polanski adaptant *La Tragédie de Macbeth* au cinéma. Le « vêtement de sarcasmes » moque férocement en Macbeth l'absence de discernement, laquelle « a toujours une odeur de cadavre », selon le mot de Nadejda Mandelstam, d'une implacable lucidité. De la dérision effrayante qui imprègne les prédictions des « folles sœurs », et que le dénouement en forme de sombre et fatale plaisanterie manifestera, Shakespeare ne donne

---

3. André Siniavski, *Bonne nuit !*, *op. cit.*, p. 107.

aucune indication explicite dans les scènes des sorcières. Ce n'est pas nécessaire, elle se déduit de la trame même de la pièce, comme l'arrière-fond grotesque, la clé au sens musical en somme, de cette tragédie du crime, sinistre et en même temps bouffonne. Car dans cette superposition de malheurs, l'humour – tragique – reste à n'en pas douter « le dernier refuge de l'humain[4] ». Polanski dans son film a capté – discerné – tout cela mieux que personne. Le discernement : sa marque de fabrique.

« Je me suis strictement conformé à l'objet » : Roman Polanski pourrait faire sienne cette phrase de Cézanne parlant de sa peinture. Ce qui frappe plus que tout en effet, dans le *Macbeth* qu'il réalise, c'est l'absolue littéralité de son rapport à la pièce de Shakespeare. Une décision clairement assumée, comme le démontre d'entrée de jeu un détail du générique de début. Lorsque apparaît le titre du film – *Macbeth* –, après la splendide scène d'ouverture où dans l'infini d'une lande entre ciel et mer le rituel des trois sorcières condense énigmatiquement le drame à venir, vient immédiatement ceci : *The Tragedy of Macbeth by William Shakespeare*. On ne saurait se montrer plus net. Polanski ne transpose pas la pièce de Shakespeare, comme le fait par exemple Kurosawa dans *Le Château de l'araignée*[5].

---

4. La formule est de Milan Kundera, dans son admirable commentaire du non moins admirable roman d'Anatole France *Les dieux ont soif*, qui suit le parcours sanguinaire d'un jeune peintre qui va devenir juré au Tribunal révolutionnaire et finira sur l'échafaud, comme tous ceux qu'il y a expédiés. Milan Kundera, *Une rencontre*, Paris, Gallimard, « Folio », 2011, p. 63-88.

5. Akira Kurosawa, 1957.

Encore moins se contente-t-il de l'illustrer. Il la lit au plus près et, comme un musicien habité interprète une partition, la fait vivre au présent, neuve à nouveau, et ainsi la recrée ; avec les moyens du cinéma.

Ce qui également saisit le spectateur dans ce *Macbeth* reviviscent est son très impressionnant réalisme – « la chair de la fiction », dirait Philip Roth. Un parti pris en cela un peu différent de celui du *Hamlet* de Laurence Olivier, littéral lui aussi, mais sur un versant plus irréel, voisin visuellement de l'univers intemporel des contes. Chez Polanski en revanche, ce qui prime toujours, y compris s'agissant de la façon dont il met en scène des univers fantastiques, c'est un traitement des situations rigoureusement et puissamment réaliste, dénué de fioritures : son art est, comme l'écrivait Cézanne, encore, au sujet de la peinture – la sienne en premier lieu – strictement « parallèle » à la matière qu'il s'attache à représenter. Ainsi est-il vecteur de connaissance, moyen d'élucidation. Un art d'autant plus véridique qu'il aura su « faire taire en lui les voix des préjugés, oublier, faire silence, être un écho parfait[6] », pour poursuivre avec les mots de Cézanne. Écho parfait d'une réalité à déchiffrer et à traduire, réalité matérielle, psychique, ou déjà artistique parfois – le *Macbeth* de Shakespeare en l'occurrence, mais cela vaut aussi bien pour *Tess*, *Oliver Twist* ou d'autres œuvres adaptées au cinéma par Polanski.

---

6. Les citations de Paul Cézanne sont extraites de *Conversations avec Cézanne*, P.-M. Doran (dir.), propos rapportés par Joachim Gasquet, Paris, Macula, 2005, p. 109.

Cette littéralité, c'est là le point important, a pour condition et pour instrument la puissance d'imagination du regard de Polanski, véritable bain révélateur du réel perçu dans toute sa complexité. Le lien entre une attention scrupuleuse au donné – ici *Macbeth* – et l'usage raisonné de l'imagination pour doter la vérité ainsi saisie d'une épaisseur matérielle et d'une vivacité capables sans une once d'affectation de nous émouvoir, est une constante du cinéma du réalisateur. Nous avons d'entrée de jeu signalé cela. L'inverse absolu, notons-le au passage, des traficotages indigents par lesquels, on l'a vu, le personnage en carton-pâte d'un Polanski diabolico-criminel a été usiné. Moyennant une indifférence hébétée à la réalité, à laquelle on substituera sans vergogne un ramassis de clichés malveillants – ou simplement absurdes –, produits en série pour l'édification de masses abêties, avides de sensations fortes, friandes d'indignations artificielles et larmes de crocodile de la sensiblerie. C'est ainsi d'ailleurs que l'adaptation absolument fidèle que Polanski réalise de la pièce de Shakespeare sera qualifiée d'« ultraviolente », et assez sottement rapportée – incrimination et/ou excuse, on ne sait – à la violence sanglante de l'assassinat de Sharon Tate qui avait eu lieu deux ans auparavant. Comme si la violence crue de *Macbeth* avait été injectée par le « monstre » Polanski, mais était absente des pièces de Shakespeare. « Quand le sage montre la lune, l'imbécile regarde le doigt », dit le proverbe chinois…

De cette littéralité portée par une inventivité virtuose, nous allons brièvement indiquer quelques éléments remarquables. Mais ce qui nous intéresse ici, c'est que précisément le centre de gravité de *La Tragédie de Macbeth* est cette question même : l'alliance, impérative pour embrasser avec cœur et intelligence le vrai, entre une imagination audacieuse et l'aptitude à appréhender de façon littérale une réalité donnée, si inconcevable ou si opaque soit-elle. Thème shakespearien par excellence – « y a-t-il jamais eu un magicien plus réaliste que Prospero[7] ? » écrit avec justesse Salman Rushdie. Prospero : l'opposé absolu de Macbeth, figure aussi du poète – Shakespeare. On comprend dès lors pourquoi la rencontre avec le dramaturge élisabéthain fut si importante pour Polanski. Peut-être est-ce tout simplement cela, le « courage de la vérité » : cette capacité à s'aventurer, par une imagination ardente, sur la mer – ou dans la forêt vierge – du réel. De ce courage essentiel, où les enjeux de l'art rencontrent ceux de toute vie, le personnage de Macbeth, claquemuré dans son fantasme creux, est pathétiquement dénué.

Contemporain de Shakespeare[8], Cervantès, en créant l'indissoluble duo Don Quichotte/Sancho Pança, nous parle de cela. Quichotte, l'homme de l'imagination et de la suite dans les idées – à ne pas confondre avec l'obstination étriquée et stérile de l'idée fixe qui incarcère Macbeth ; Sancho, l'homme du réel. Tous deux à leur manière hommes de rêve et hommes d'action. Sancho, qui rendra

---

7. Salman Rushdie, *Langages de vérité – Essais 2003-2009*, trad. Gérard Meudal, Arles, Actes Sud, 2022, p. 139.

8. Shakespeare et Cervantès, nés l'un en 1549 (Cervantès), le second en 1564 (Shakespeare), sont à quelques années près contemporains.

la justice avec une sagesse insigne dans l'archipel dont l'ingénieux et fantasque hidalgo l'aura fait gouverneur, aime son maître « comme la peau de [son] cœur », lui fait dire Cervantès. Peut-on concevoir plus étroite intimité ? De la plus touchante, de la plus simple des façons, cette image nous dit ce qu'est exactement l'imagination littérale : une membrane sensible, vibratile, qui enveloppe et préserve le cœur vivant du réel. Indissoluble union entre la libre fantaisie et un réalisme véritable.

Remarquablement littérale, donc, et ainsi puissamment véridique, est l'adaptation que fait Roman Polanski de *La Tragédie de Macbeth*. Par les choix scénaristiques d'abord : même si certaines coupures nécessaires au passage de la scène théâtrale au cinéma sont effectuées dans la pièce – mais les savantes ellipses du récit cinématographique en restitueront le sens intégral –, c'est bien le texte original de Shakespeare, exactement tel qu'il est écrit, que l'on entend dans le film, qui pourtant n'est à aucun égard du théâtre filmé. La mise en scène cinématographique, absolument fidèle à la lettre, c'est-à-dire à la musicalité de la langue de Shakespeare, en pousse à son paroxysme la force de vérité. Et même pour qui ne comprendrait pas bien l'anglais, cela saute aux oreilles et déploie une puissance directement sensible. Elle forme le substrat de l'adaptation de Polanski, ancrée dans ce qui porte la pièce de Shakespeare : sa langue poétique à nulle autre pareille.

Sur cette matérialité de la pièce – sa réalité d'écriture, que le cinéaste épouse et dont il ne s'écarte jamais –, Polanski scelle solidement ses décisions de mise en scène :

son intense et éminemment clairvoyante imagination réaliste.

Par le choix des interprètes en premier lieu : Macbeth est un bel homme, non sans allure, mais parfaitement fade et mou – une beauté sans caractère. L'effroi qui le saisit face à l'image de ses crimes – lorsqu'au banquet lui apparaît le fantôme de Banquo – décompose la prestance du grand Macbeth avec une facilité déconcertante. C'est comme s'il tombait en morceaux. Lady Macbeth a un joli minois, mais une exaspérante posture de sainte-nitouche cynique – excepté lors de la scène de somnambulisme où, défaite et bouleversante, elle acquiert soudain l'épaisseur humaine qui lui faisait défaut.

Par la façon ensuite dont il crée et parvient à faire exister et s'incarner complètement, avec une liberté, une précision et une virtuosité consommées, aussi bien les scènes fantastiques – l'apparition du spectre, les scènes des sorcières et en particulier la seconde, où les images énigmatiques et crues de son destin maudit surgissent aux yeux de Macbeth inaptes à voir ce qu'il regarde – que les scènes de bataille, de massacre, de vie quotidienne ou d'intimité baignée de rouge.

Tout est vrai.

Vrai par rapport à Shakespeare, Polanski, en artiste lecteur hors pair, parvient à lui être d'autant plus fidèle qu'il lui insuffle, se plaçant sans hésitation ni détours du point de vue de l'œuvre – *Macbeth* –, la vitalité de son propre imaginaire artistique.

Vrai, et doublement, quant à la capture du réel par l'art. L'art de Polanski rencontre et saisit au plus juste l'art subtil et profond de Shakespeare ; et par ce chemin à travers l'imaginaire du maître élisabéthain, il capture du même coup tout un pan de la réalité du monde. Un monde qui est le nôtre à tous, à travers le prisme de celui de Shakespeare, actuel à nouveau dans les images que l'artiste de cinéma « tire du fond de son âme », selon la si juste formule d'Henri Bergson à propos de la création artistique.

Évoquant le rapport entre l'art et le monde réel – et ce qui vaut pour la prose vaut tout autant pour l'écriture cinématographique –, André Siniavski écrivait ceci :

> On parle de reflet de l'existence. J'en doute. L'image en prose se relie au château de Lefortovo[9] à la manière d'une toile d'araignée. Déploiement de réseaux. Accrochage de ponts, hamacs. Construction improvisée qui reproduit un espace sur le papier. [...] Lorsqu'on écrit, bon gré mal gré, on se branche sur une autre réalité, désormais d'écriture, qui se déploie parallèlement, perpendiculairement ou tangentiellement au flux de l'existence. Ce n'est ni illusion ni gratuité. Dieu nous garde de tout esthétisme. L'artiste ne peut ni ne doit être un snob. Mais un éternel tâcheron, une araignée. Simplement ses lois sont autres. On agit dans une autre dimension. Et tout ce qui

9. La prison du KGB, bien réelle, où fut détenu pour interrogatoire, comme d'innombrables autres accusés par le régime soviétique, André Siniavski.

> vous arrive, le rêve ou le réel, et cette lutte à mort, pour autant qu'on se démène, demeure au niveau de la page[10].

Non un simple reflet sans force, donc. Mais la création imprévisible, puissante et véridique d'une autre dimension, immarcescible, qui, capable de subsister à travers le temps et l'espace, fait pièce à l'oubli, à la disparition et, plus que tout, au mensonge. Cet espace neuf en effet – d'écriture, donc, quel que soit le médium de cette écriture – n'a rien d'une réalité alternative, laquelle entend nier le monde réel pour y substituer son système. Il lui est relié au contraire, précisément et de multiples façons. C'est de cela justement qu'il tire sa plus haute valeur. Son indomptable et inépuisable véridicité se conjugue ainsi à un plaisir spécifique, d'une vivacité irréfutable : celui que dispense un univers recréé, fruit des noces de l'imagination libre et du monde dans sa complexité. Ainsi, loin de nous détourner du réel, la création artistique nous y rattache passionnément, profondément, au-delà et en dépit des déconvenues et douleurs que l'existence peut nous infliger. À condition que l'on ne cherche pas à s'évader de cette « autre dimension » – celle de l'art – par des forçages interprétatifs qui la falsifieront. S'y perdront autant la fiction que la réalité.

À condition aussi que l'on ne se méprenne pas sur ce qu'il en est de la liberté de création et, partant, de la

---

10. André Siniavski, *Bonne nuit !*, *op. cit.*, p. 282.

nature de la toile qu'elle sécrète[11], en voulant en limiter l'extension par diverses opérations de « sotte morale[12] » : meurtres, viols, amours interdites représentées, ne sont ni crimes perpétrés ni incitation à les commettre[13]. Ce n'est point là une affaire de représentation au « premier » ou au « second degré », comme s'empêtre assez laborieusement à l'expliquer Nathalie Heinich, estimant que « si on est dans le premier degré, c'est-à-dire dans une représentation très littérale par rapport au réel, on est en droit de considérer des représentations comme problématiques et illicites[14] » – les termes « problématiques » et « illicites » étant caractéristiques de toutes les entreprises de censure.

—

11. Arachné, une jeune fille mortelle qui osa se mesurer à Athéna, fut transformée en araignée par la déesse, jalouse du magnifique tissage qu'elle avait réalisé, plus beau que le sien. Arachné est ainsi une figure de l'artiste, de ce qu'il tisse et « qui, au gré d'un clin d'œil, nous fait passer de l'art à la vie et inversement », selon les mots d'André Siniavski, *ibid.*, p. 320.

12. « C'est pourquoi il est salubre et toujours moral, n'en déplaise à la sotte morale, écrit encore Siniavski à propos de l'art, plus solide, plus durable, et si vous préférez plus vitaliste que la vie destructrice », *ibid.*, p. 320.

13. Sur ce point, voir l'article de Samuel Piquet dans *Marianne*, à propos des inepties proférées dans une émission de « La Grande Librairie » : « "Kafka ? C'est malaisant" : critique de haute volée par Faïza Guene et Philippe Besson », 7 juin 2023.

14. Nathalie Heinich – qui se dit pourtant opposée aux censures woke – sur France Culture, à propos de la polémique sur le bédéiste Bastien Vivès. Sur la même affaire, où l'on voit régner la confusion induite par la moraline – vieille affaire, voir les ennuis de Flaubert pour *Madame Bovary* et de Baudelaire pour *Les Fleurs du mal* –, un sommet du genre a été atteint dans une page du *Monde*, qui met complaisamment en valeur un entretien croisé réalisé par la journaliste Marion Dupont entre André Gunthert et Carole Talon-Hugon, sous ce titre édifiant : « Affaire Bastien Vivès : la valeur morale d'une œuvre fait partie de sa valeur artistique ».

La dimension spécifique née de l'acte d'écriture, on l'aura compris à lire ce qui précède, ne saurait s'effaroucher de la littéralité réaliste la plus absolue, la plus brutale même parfois[15], qu'illumine la puissance d'une imagination (re)créatrice. Ce qui rejoint une observation profonde de Virginia Woolf au sujet des romans de Thomas Hardy – dont Roman Polanski a, non sans de multiples motifs, adapté *Tess* : celui qu'elle définit comme « le plus grand tragique des romanciers anglais » a, écrit-elle, « la conviction qu'un roman n'est ni un jouet, ni un argument ; c'est le moyen de produire des images véridiques, même si elles sont dures et violentes, de la vie des hommes et des femmes[16] ».

Soulignons également ceci : dès lors qu'une œuvre – ici le *Macbeth* de Polanski – s'arrime, avec autant de désir, de vitalité et d'exactitude, à une autre, et d'une telle envergure, cette force de vérité, qui fait de l'art l'entreprise humaine la plus intrinsèquement « salubre », s'en voit démultipliée, diffractée et recentrée tout à la fois.

On ne s'étonnera pas que cela – cette capacité d'invention, qui éclaire et passe au scanner de l'art le monde réel, jusque dans ses apparences trompeuses – puisse déchaîner la fureur des censeurs, au bout du compte grotesquement impuissante. S'agissant de Roman Polanski, on assiste aujourd'hui à quelque chose de cet ordre, entre appels

---

15. Comme en avertit Milan Kundera à propos de Francis Bacon : « Le geste brutal du peintre », *Une rencontre*, *op. cit.*, p. 15-31.

16. Virginia Woolf, *Comment lire un livre*, trad. Céline Candiard, Paris, L'Arche, 2008, p. 286.

au boycott, censure de fait par la privation des moyens matériels de créer, et, comble de tout, élucubrations sans queue ni tête sur le caractère intrinsèquement maléfique de son cinéma.

« Quand la censure est très efficace, le mensonge du censeur réussit à remplacer la vérité de l'artiste. Ce qui est censuré est supposé avoir mérité la censure. [...] C'est là la victoire finale du censeur : quand les gens cessent d'être capables d'imaginer une société sans censure », écrit Salman Rushdie, qui (tout comme en son temps André Siniavski) sait très concrètement de quoi il retourne. Il ajoute cependant que « le poète Mandelstam est mort dans un des camps de travail de Staline, mais la poésie de Mandelstam a survécu à l'Union soviétique ». Pour autant, si « l'art est plus fort que la censure, dit aussi Rushdie, les artistes, en revanche, sont vulnérables[17] ». Pour les idéologues haineux, c'est tant mieux. Qu'ils crèvent, les artistes ! (certains d'entre eux, surtout) – tel était, quelques-uns s'en souviennent peut-être, le titre d'une pièce grinçante, inoubliable pour qui l'a vue, de Tadeusz Kantor. Des activistes ont ainsi pu avec entrain proférer que « celui qui doit être gazé, c'est Polanski ». Rien d'anodin dans de telles ignominies.

Vrai enfin, ce *Macbeth*, quant à ce qu'il illumine, sans le dissoudre, de l'insondable, du tragique mystère du cœur humain.

---

17. Salman Rushdie, *Langages de vérité – Essais 2003*-2009, *op. cit.*, p. 258-259.

Compassion

Sans une vive imagination, nulle compassion, nulle chance de parvenir à s'aventurer dans les étranges abysses du cœur humain. Celui du criminel Macbeth, celui de Lady Macbeth. Celui, si pur, de Tess l'endurante, celui de son (faux) cousin, abuseur épris que Tess finira par tuer, et celui, étroit et tristement sec, de son époux fanatique, plus amoureux d'une idée creuse que de la tendre, de l'aimante jeune femme, rejetée au soir de ses noces parce qu'elle lui dit la vérité sur ce qui lui est arrivé. Cruauté d'une âme mesquine par passion du « Bien » et de la pureté. La compassion – à ne pas confondre avec une empathie narcissique mais au fond indifférente – est ainsi un irremplaçable et audacieux instrument de connaissance.

Commentant *Les dieux ont soif*, roman de la férocité épuratrice et abjectement sentimentale[18] de la Terreur, Joseph Conrad écrivait de son auteur Anatole France, dreyfusard de la première heure :

> C'est un grand analyste d'illusions. Il en pénètre et en sonde les plus secrets replis comme s'il s'agissait de réalités faites de substances éternelles. Et c'est en

18. Tous ceux qui, écrit Anatole France, « jugeaient avec le cœur condamnaient toujours ». Cité par Milan Kundera, *Une rencontre*, *op. cit.* Un cœur si épris de son propre pathos exalté, et si fanatiquement hypnotisé par une Idée érigée en absolu, qu'il ne recèle plus d'espace pour l'humaine compassion. Ainsi, « sensiblerie » et « fleuves de sang », selon les mots de G. Clemenceau, se sont-ils allègrement conjugués pendant la Terreur.

> quoi consiste son humanité : elle est l'expression de sa profonde et inaltérable compassion[19].

Ce sont là des mots qui pourraient s'appliquer à Roman Polanski, véritable sismographe de l'âme à travers les personnages auxquels son cinéma donne chair et vie – et notamment des femmes. La Carol esseulée de *Répulsion* sombrant petit à petit dans la folie, la tendre, l'innocente Rosemary, Tess si entière, l'Evelyn Mulwray forte et déchirée de *Chinatown*, ou Pauline Escobar, la complexe et puissante survivante de *La Jeune Fille et la Mort*, Lady Macbeth aussi : autant de personnages féminins dont le cinéaste a su miraculeusement capter et nous faire émotionnellement saisir le mystère vibratile. Cette « profonde et inaltérable compassion » – la simple aptitude à se relier imaginairement à quiconque plutôt que la passion stérile pour une idée désincarnée – a pour vecteur une extrême mobilité psychique et, de diverses façons, corporelle : une puissance de métamorphose, à laquelle les hommes « doivent le meilleur de ce qu'ils sont[20] ». Leur humanité justement. Cette disposition éminemment plastique, présente à un degré impressionnant chez Polanski acteur, chez

19. Réflexions publiées en 1921, in *Joseph Conrad's Notes on Life and Letters*.

20. Élias Canetti, *Masse et Puissance*, *op. cit.*, p. 357. Si on regarde les *making of* des tournages de ses films – pour *Répulsion* par exemple c'est frappant –, on voit que Polanski dirigeant les acteurs devient/est chacun des personnages. Même chose lorsque, dans *Promenade à Cracovie*, il raconte son enfance au ghetto : à l'instant où il l'évoque, il est cette vieille femme courbée, assassinée sous ses yeux par un SS par exemple ; et nous la voyons. Il mime tout. Il est Protée.

Polanski directeur d'acteurs, l'est pareillement, de façon puissamment évocatrice, lorsque avec son ami Ryszard Horowitz il se souvient de scènes dans le ghetto, dans le documentaire *Promenade à Cracovie*[21]. Accès direct, alors, à la vérité. Le contraire absolu de l'histrionisme, toujours *fake.*

Si l'on suit les analyses inspirées d'Elias Canetti sur ce sujet – le plus difficile, le plus énigmatique qui soit, dit-il – dans son grand livre *Masse et puissance*, cette capacité sensible à pressentir à travers soi un être que l'on n'est pas soi-même, à devenir même, par instants, le corps d'un autre – un jeu d'exploration, dont n'est pas absent le risque de se perdre –, porte aussi, dans certaines circonstances, des enjeux de survie. Il s'agit alors, explique Canetti analysant différents contes et mythes, de ce qu'il appelle les « métamorphoses de fuite » – qui vont bien au-delà du simple déguisement – pour échapper à un ennemi, à une captivité. Elles ne sont pas nécessairement couronnées de succès. Parfois, dans pareille lutte, cette plasticité de vif-argent se verra immobilisée dans une forme close, sans issue, qui l'anéantira. Une menace en réalité totalitaire, ruinant tout mouvement, toute vie, au bénéfice d'une fixité glacée – et vide. Sur ce vide déshumanisé, n'importe quelle réalité alternative peut prospérer. Machine paranoïaque à produire, circulairement, de la paranoïa dès lors que la proie se voit acculée, sans nulle issue possible. C'est là que tout peut se brouiller : la métamorphose se muer en piège, comme dans le roman de Kafka. Un piège qui

21. À propos de ce film, voir notre conclusion.

chez Kafka révélera la monstruosité bien réelle de presque tout l'entourage du (supposé) « monstrueux insecte » dans la peau duquel s'est réveillé Samsa un matin. La réalité vacille alors, l'imaginaire devient délire. Il faut avoir de ce danger spécifique un savoir précis, et intime, pour traiter cette question et en ciseler le malaise avec autant de profondeur, d'imagination et d'humour salvateur que sait le faire Polanski. Polanski égal à Kafka pour ce qui est de la lucidité et du sens comique, jusque dans l'hilarante comédie – plus noire qu'elle n'en a l'air – *Le Bal des vampires.* Un savoir et une expérience doublés d'un ancrage indéfectible dans la réalité du monde et de ses horreurs bien réelles. Pareil ancrage, seul un cœur sans cesse irrigué, en dépit de tout, par le « lait de la tendresse humaine », peut en assurer la robustesse.

Trelkovsky est un jeune homme timide et doux, petit employé de bureau. Un étranger esseulé dans un Paris indifférent sinon hostile. Pour être polonais, Trelkovsky n'est pas, fût-ce de façon cryptée, Roman Polanski. Mais Polanski, qui l'interprète à la perfection dans le film, sait imaginer et transmettre ce qu'éprouve ce personnage touchant, sensible, (trop) imaginatif, déterminé à aller jusqu'au bout d'une quête ambiguë, qui est aussi un piège-défi qu'il se fabrique. Trelkovsky se débat de plus en plus dangereusement au milieu de l'insensibilité générale qui l'entoure, celle d'un monde desséché, rigide et hostile à tout ce qui pourrait en déranger l'ordre étriqué. Face à cet univers étroit qui le perçoit comme un corps étranger par définition menaçant, il glisse peu à peu dans un délire de persécution ponctué, par brusques bouffées, d'hallucinations de plus en plus terrifiantes. Sa folie anxieuse le conduira ainsi à s'identifier, dans ce qui s'apparente à l'accomplissement inéluctable d'une malédiction imaginaire autant qu'à une plaisanterie tragique, au destin mi-réel (elle s'est bel et bien écrasée au sol), mi-fantasmé (rien ne prouve que les voisins patibulaires y soient pour quelque chose) de la disparue définitivement muette.

Il a loué en effet un appartement, dont l'ancienne locataire, Simone Choule, s'est défenestrée – en tout cas elle a chuté de la fenêtre. Immobilisée dans des bandages, la bouche ouverte en un cri d'horreur qui évoque irrésistiblement le tableau de Munch, elle agonise à l'hôpital. Elle va mourir. Après sa mort, le nouveau locataire emménage, déjà terrifié. Et petit à petit le malaise s'installe. Qu'est-il arrivé à Simone Choule ? Les voisins malveillants l'ont-ils poussée au suicide ? Réservent-ils le même sort à Trelkovsky ? C'est en tout cas ce dont il se persuade, menant en somme à sa façon l'enquête sur la mort de la jeune femme. Trelkovsky est allé lui rendre visite à l'hôpital. Il a également assisté à ses obsèques, qui ont viré pour lui au cauchemar, le prêche effrayant de l'officiant – tel qu'il l'entend – le faisant fuir à toutes jambes, en sueurs froides, hors de l'église.

Au chevet de Simone Choule, il a rencontré une très séduisante amie de la (présumée) suicidée, une fille réellement gentille, avec laquelle il entamera une liaison de camaraderie. Elle a les pieds sur terre, un grand cœur, mais lui, sombrant dans une démence pleine d'effroi, finira par se persuader qu'elle aussi fait partie d'un complot qu'il veut à corps perdu tout à la fois fuir et décrypter, c'est-à-dire confirmer en se faisant le double (presque) parfait d'une Simone Choule spectaculairement re-suicidée. Là est le point. Pourquoi, entre sens délirant et pure vérité, s'égare-t-il ainsi ? Sens délirant : « ils » l'ont poussée à se tuer, la preuve, c'est qu'ils font de même avec lui qui, aimanté et comme irrésistiblement aspiré par le destin de celle qui l'a précédé dans ces lieux, devient, peu à peu, entre révolte et provocation aux allures de farce grandiose, Simone Choule ; pure vérité : la méchanceté mesquine qui l'entoure n'est pas une vue de l'esprit, comme le démontre l'épisode de la pétition contre une voisine mère d'une fillette handicapée – madame Gaderian, encore un nom pas bien de chez nous –, que Trelkovsky refusera fermement de signer, tout conciliant qu'il soit généralement pour surtout éviter de déranger.

Comme dans *Rosemary's Baby*, dont *Le Locataire* retrouve et renouvelle l'atmosphère tout à la fois fantastique et réaliste, le voisinage n'est guère bienveillant, sur un mode plus ordinaire toutefois. La concierge – plus grognasse parisienne que nature – est revêche ; le propriétaire interprété par Melvyn Douglas, jadis délicieux jeune premier chez Lubitsch mais ici méconnaissable tant il a l'air méchant, n'est pas franchement engageant ; une voisine délatrice dans l'âme pourrait bien vouloir faire payer à Trelkovsky la fin de non-recevoir qu'il ose opposer à sa dégoûtante pétition. Tout cela est hélas d'une banalité totale. Mais une dent trouvée dans un trou du mur, c'est moins normal peut-être. Surtout si un matin Trelkovsky se réveille en ayant perdu une dent. Fantasme ou réalité ? Les voisins plus immobiles que des momies, qui fixent le jeune homme depuis la fenêtre des toilettes qui font face à son appartement, que lui veulent-ils ? Hallucination ? Ou intimidation menaçante ? En un sens, les deux à la fois.

Comme Rosemary, Trelkovsky est un cœur innocent – dont l'imaginaire fertile, ultrasensible, chutera dans une déraison tangentiellement extralucide.

Et comme dans *The Ghost Writer*, où une menace bien réelle – que le dénouement du film concrétisera – plane sur le personnage d'écrivain embauché par un homme politique pour prendre le relais du nègre retrouvé mystérieusement noyé, et qui pour éclaircir la vérité sur cette mort mettra méthodiquement ses pas dans ceux du mort, Trelkovsky, à sa manière qui balance entre théâtre et folie rationnelle, mène l'enquête sur une mort inexpliquée. Il le fera jusqu'à s'y précipiter à son tour, et plutôt deux fois qu'une : destin inexorable ? Ou défi imprégné d'un humour désespéré, dans sa théâtralité suprême ?

La question de la vérité, on le comprend, est au cœur de ces intrigues qui, de près ou de loin, et de manières différentes sinon opposées, flirtent avec certaines formes de paranoïa. C'est que la paranoïa n'est pas sans rapport avec ce type d'enjeu : où est la vérité ? Qui peut s'en rendre maître ? C'est là que se différencient deux modalités de la paranoïa, ou de ce qui s'en approche.

Celle du despote paranoïaque d'abord[22], figure rigide et totalitaire qui prétend souverainement assujettir le vrai, l'engendrer comme expression de son pouvoir absolu, afin d'y plier le réel. Son « récit » tout-puissant exclusif de tout autre génère d'un seul tenant le vrai/le réel. On comprend qu'il manque alors l'un et l'autre : son esprit est « à côté » (de la plaque) – tel est le sens du mot grec *paranoia.* Il ripe sur le monde ; alors son salut – forcément éphémère – est dans la destruction. Table rase du réel, faute d'avoir prise sur lui. La seule vérité juste qu'il perçoit cependant, et elle alimente sa folie, est que tout mouvement, tout écart – ne serait-ce qu'un sourire sarcastique – menacent d'effondrement son système fanatiquement clos. Un danger en effet bien réel, d'autant plus que la réalité, à commencer par celle de sa propre folie, c'est inévitable, s'infiltre insidieusement par tout interstice, pour soudain faire irruption sans crier gare. Il lui faut donc colmater sans cesse, tenter de supprimer une fois pour toutes tout ce qui d'une manière ou d'une autre représente une dissidence, intrinsèquement ennemie. Ainsi Macbeth voulant courber la réalité prédite par les sorcières à son avidité de pouvoir illimité, de plus en plus raidi dans son obsession, assassine tout le monde. En vain. Un jour ou l'autre, le réel le rattrapera. Et c'en sera fini de lui. Macbeth tombe, pour finir. C'est vrai de toute figure de tyran, l'histoire l'a maintes fois démontré. C'est vrai de tout système totalitaire accroché à son ministère de la Vérité. Au prix de

22. Voir note 2 de ce chapitre.

quels immenses dégâts ! La déréalisation impitoyable qui procède de la confiscation folle de la vérité peut se révéler, on le sait, immensément meurtrière.

Différent de l'autocrate de la vérité, en sa raideur imperméable, le paranoïaque « réactionnel » pourrait-on dire, dans l'esprit duquel se forme un délire de persécution. Il s'agit là au contraire d'un personnage trop perméable, ultrasensible, mobile et infiniment plastique, qui absorbe tel un miroir-éponge, mais surinterprète follement, la menace pétrifiante que représente un environnement clos. Lui aussi dérape dangereusement quant à la réalité. Mais il touche essentiellement le vrai pourtant, quoique sur un plan dont la connexion au réel demeure indécidable. Trelkovsky, Rosemary, et quelques autres encore. Cette indécidabilité foncière, que sans faiblir et sans concessions Polanski préserve pour le spectateur, constitue une inépuisable matrice d'angoisse. Elle est cette pierre de touche de la vérité, tout à la fois opaque et cristalline, que nombre de films de Polanski maintiennent vertigineusement irréductible, avec une maestria subtile qui est aussi une intégrité indissolublement esthétique et éthique.

Dans les deux cas cependant – paranoïa du potentat, paranoïa réactionnelle –, la peur est centrale. Et la vérité, en réalité captive d'une vision affolée s'égarant dans une méprise, est censée tuer la peur, et ainsi garantir le salut. Mais le malheur du paranoïaque est qu'il prend l'ombre pour la proie. Or comme le fait observer, au moyen d'une image particulièrement percutante, Reiner Stach dans sa remarquable biographie de Kafka[23], « un bout de ficelle et une lame de rasoir – dans certaines conditions – projettent la même ombre ». C'est tragique. Et c'est comique.

Ajoutons que l'humour qui, plus ou moins ouvertement, innerve tous les films de Polanski sans exception et nous ménage un espace respirable dans ces atmosphères saturées d'angoisse, est ce qui rend l'indécidabilité évoquée non seulement supportable, mais désirable et infiniment digne. Cet humour, c'est celui du cinéaste – de l'homme qu'est cet artiste. Il est un des fils par lesquels il se relie à nous, spectateurs, capables de rire avec lui. L'humour : la plus compatissante, la plus bienveillante des protections pour qui en est doté[24]. Polanski le distille dans les situations les plus tragiques ; certains de ses personnages en sont généreusement pourvus. « On m'a accusé de tout, sauf d'être innocent » : une réplique qu'on croirait sortie d'un film des Marx Brothers, dans la bouche de Jack Gittes. Une phrase doublement sarcastique, Polanski pourrait pour son compte la prononcer ! Une phrase remède, pour le coup, contre tout risque de paranoïa.

Car l'humour est aussi le plus juste traitement qui soit de la paranoïa dans le rapport adhésif qu'elle entretient avec le système circulaire que sa vision du monde organise sans échappée possible. Cela seul permet le décollement salutaire capable de dessiller un regard si obnubilé par lui-même qu'il ne voit plus rien, là même où il croit voir.

---

23. Reiner Stach, *Kafka, tome I, Le Temps des décisions*, trad. Régis Quatresous, Paris, le Cherche Midi, 2023, p. 30.

24. Voir note 19, p. 41.

Il est la condition d'un retour à une juste perception des différents plans du réel, ainsi que du lieu où se situe la vérité que, toute perspective abolie, le délire projette sans le savoir. L'humour rétablit la différence des plans, celle du dedans et du dehors, ainsi que la perspective et ses points de fuite. Il est l'arme de la clairvoyance qui crève les baudruches.

Ainsi dans *J'accuse*, qui ne voit et n'entend que, de façon tragi-comique, le discours paranoïaque du colonel Sandherr, interprété par Éric Ruf, éructant sur son lit de mort à propos d'une France « en décomposition » à cause des « corps étrangers » – au premier rang desquels bien sûr les Juifs – qui la rongent, décrit très exactement en réalité, sans qu'il s'en aperçoive le moins du monde, son propre corps en train de pourrir dévoré par la syphilis ? Comment ne pas rire, si atroce que soit, nous le savons, le sort abominable de Dreyfus, mais aussi sous nos yeux l'agonie hideuse et pitoyable de l'antisémite obsessionnel Sandherr ? Alfred Dreyfus fera horriblement les frais de ce genre de délire éradicateur, autoportrait de ses persécuteurs bien réels. En forme d'idée fixe, la paranoïa du potentat dévoile ici, et sur sa propre personne, sa vérité monstrueuse de lui-même ignorée : sa vilenie, sa haine féroce, sa peur panique de toute altération, lui qui est en train de se putréfier sur place. Sa folie est porteuse d'une vérité pour le coup précisément identifiable sous le regard du cinéaste armé du scalpel tranchant de l'humour. Le comique grinçant de cette scène aux allures de Grand-Guignol est ainsi pour le spectateur l'instrument d'une lucidité qui permet qu'avec justesse se rejoignent sens et vérité. Pas pour le colonel paranoïaque, à l'évidence. Agité de soubresauts désordonnés, tressautant sur son lit de douleur tel un poisson sorti de l'eau, il restera figé jusqu'à la mort dans ses certitudes meurtrières. Telle est la paranoïa du tyran. Une authentique matrice de destruction et d'horreur.

Il en va tout autrement s'agissant du glissement dans une incertaine paranoïa – un oxymore, où se fissure la clôture du délire – de personnages tels que Rosemary ou encore Trelkovsky. Car alors, l'égarement qui envahit ces cœurs purs est un révélateur, autant qu'un emmurement sans issue. Une aliénation qui dit vrai, fût-ce de façon folle, et éclaire le réel. Non plus la projection sur le réel de la paranoïa assassine du despote, mais le reflet terrible de celle-ci sur des âmes désarmées.

Revenons au locataire solitaire, de plus en plus traqué, au point de s'étrangler lui-même, de ses propres mains qu'il prend, dans un moment de crise, pour celles d'un autre hostile. Trelkovsky obsédé/possédé par la morte qui l'a précédé entre ces murs. Même lorsqu'il s'essaye à jouer les méchants en allant d'un pas décidé, dans un parc, assener une claque bien sentie à un gamin bruyant, le doux jeune homme est tout sauf un despote. Sa paranoïa ? Celle d'un garçon à la sensibilité à fleur de peau, doté d'une incroyable capacité à devenir une autre, au sort de laquelle son cœur compatissant et sa volonté de savoir l'identifieront au-delà de lui-même, et bien au-delà du raisonnable. Une autre en l'occurrence, qu'il imagine, l'arrachant ainsi à ses bandelettes de momie et la ressuscitant en quelque sorte. Mobilité de l'enquêteur protéiforme *versus* rigidité du voisinage – *Le Roman de la momie*, comme un signe façon étoile du Berger, posé sur un guéridon, les voisins figés qu'il voit ou qu'il imagine le fixer depuis la lucarne d'en face, tout cela traduisant l'oppressante raideur non certes d'un tyran meurtrier, mais d'un environnement dont sa propre folie, qui fait de lui « le mur, l'emmuré[25] », sera le miroir déformant, fantastique mais véridique, où s'engloutiront irrémédiablement sa raison et sa vie. Le mystère de la mort de Simone Choule demeurera entier, absorbé dans le gouffre d'un hurlement final. Celui, cette fois, de Trelkovsky.

Faux et usage de faux

De multiples façons, l'enquête est un des ressorts les plus constants des films de Roman Polanski. Dans plusieurs d'entre eux, la question des falsifications, de leurs procédés plus ou moins grossiers, de leurs effets catastrophiques, forme la trame de l'intrigue. *The Ghost Writer*, *J'accuse* ou *La Jeune Fille et la Mort* notamment sont autant de captivantes variations sur ce thème. Sans oublier *Chinatown* – doublement : l'escroquerie au sujet de l'eau, mais aussi et plus profondément le drame secret, aveuglant de l'inceste, drame de la séquestration mentale et de l'enfermement

25. Samuel Beckett, *L'Innommable*, Paris, Les Éditions de Minuit, 1992, p. 166.

dans le secret s'il en est. Evelyn Mulwray mourra tragiquement. Gittes avait enfin ouvert les yeux, mais trop tard, et peut-être seulement à demi, sur la vérité. Seule cette fin tragique la lui révélera entièrement. Inoubliable alors, dans la dernière séquence du film, son long regard fixe sur le visage d'Evelyn détruit par la balle qu'elle a reçue dans l'œil – un seul de ses yeux. Mystère de ce que voit comme dans un miroir brisé Jack Gittes, et dont en lui-même maintenant il prend la mesure ; lui qui, sans pouvoir entendre ce que lui dévoilait la jeune femme de son lien terrible avec la jeune fille qu'elle tentait désespérément de tirer des griffes de Noah Cross – « c'est ma fille, c'est ma sœur, c'est ma fille ET ma sœur » –, avait hurlé à Evelyn : « Je veux la vérité ! » Encore faut-il en supporter l'impact.

« Je veux la vérité ! » : un condensé du cinéma polanskien. Un cinéma « pour personnes pleinement adultes » : capables d'affronter la réalité ; capables de regarder la vérité en face[26]. Capables de renoncer à la paranoïa.

---

26. C'est toujours par le truchement des personnages, de façon puissamment incarnée dans la fiction donc, et non comme une thèse à démontrer, que le dessillement intervient. Ainsi la fin de *Lunes de fiel* (1992) n'est ni une fin édifiante (les « méchants » sont punis) ni un « happy end » (les « innocents » sont sauvés). Car après la mort violente du sombre couple magnifiquement incarné par Peter Coyotte et Emmanuelle Seigner, double crime qui est la seule issue possible pour leur histoire, l'échappée qu'on pourrait croire simplement apaisée du couple, témoin dangereusement aspiré dans ce tourbillon, n'a de sens que comme son déniaisement. Ils ont définitivement vu la vérité, tragique dans son irrémédiable horreur. Ont-ils appris quelque chose ? C'est une autre question, que le film laisse ouverte.

Il est un film qui déplie avec une virtuosité consommée, un suspense de tous les instants et une étincelante drôlerie, la question des tours de bonneteau du *fake.* Il s'agit de *La Neuvième Porte*[27]. Dean Corso, chasseur de livres rares pour clients fortunés et arnaqueur patenté dès que son gain est en jeu, est embauché par un collectionneur obsédé de littérature démonologique, le redoutable Boris Balkan (interprété par Frank Langella, qui fut au théâtre et au cinéma le comte Dracula). Celui-ci possède (ou est possédé par !) un livre, *Les Neuf Portes du royaume des ombres*, qui aurait été écrit par le prince des ténèbres en personne. Il en existe trois exemplaires au monde. Lequel des trois est authentique ? Le découvrir : c'est la mission que, pour une raison qu'il garde secrète, mais qui a peu à voir avec la pure bibliophilie, il confie à Corso. Lequel, au cours d'une quête haletante semée de quelques cadavres, incendies, et tentatives diverses pour l'assassiner, découvrira le secret astucieusement réparti à travers les trois exemplaires. La clé de l'énigme permettant d'enfin ouvrir la neuvième porte : d'accéder au pouvoir absolu, par la grâce du maître du royaume des ombres. Qui finalement emportera la mise, de tous ceux qui convoitent ce Graal du démon ?

Dans cette course à l'échalote du faux, et d'arroseur (criminel) arrosé (carbonisé), sorte de *Bal des vampires*

---

27. Le film (1999) est librement adapté d'un roman d'Arturo Pérez-Reverte, *Club Dumas* (1993), trad. Jean-Pierre Quijano, Paris, Jean-Claude Lattès, 1994 ; Le Livre de poche, 1995. Polanski, dans la conduite de son adaptation, en a extrait et condensé la substantifique moelle.

pince-sans-rire à l'issue génialement ambiguë, tous se verront tour à tour mordus par ce jeu du vrai/faux ou du faux/vrai – des doublons en somme, facétieusement incarnés par les désopilants frères Ceniza (mot qui signifie « cendre » en espagnol), vieux vrais-faux jumeaux à la moustache presque identique (tout est dans le « presque », bien sûr), esthètes ludiques et experts narquois en falsifications authentiques. On s'amuse beaucoup à suivre l'enquête façon Tintin du bien nommé Corso – que l'on voit d'entrée de jeu escroquer en beauté un couple de benêts en les délestant d'une inestimable édition de *Don Quichotte* à la barbe de son propriétaire, authentique bibliophile qu'une attaque a réduit à l'impuissance et qui se voit livré, aphasique, à des héritiers ignares trop contents de la (fausse) aubaine.

Corso cherche avec méthode, puis un zèle qui insensiblement aura raison de son rationalisme sagement sceptique, la clé d'une énigme où il s'agit d'authentifier rien de moins que le paraphe de Lucifer. La signature authentique du grand maître ès tromperies : voilà qui est pour le moins piquant et évoque irrésistiblement le paradoxe du menteur[28]. Ainsi soit cette histoire de signature du diable n'est qu'une vaste blague, et tant pis pour les crédules, mais aussi pour les autres puisque les dupes fanatiques voudront – et auront – leur peau. Soit l'auteur du livre est bel et bien le diable : mais cela revient au même, puisque le diable – telle est théologiquement sa

28. Paradoxe dit du Crétois : Épiménide le Crétois prononçant la phrase « Tous les Crétois sont menteurs » : puisqu'il est crétois, il ment, donc la phrase est fausse, donc il ne ment pas. Insoluble.

raison sociale – est le Grand Trompeur, maître falsificateur et attrape-nigaud de haute volée. *Fair is foul, foul is fair*, comme disent si bien les sorcières de *Macbeth*. Quoi qu'il en soit, pour ce qui est de Corso, tant que dure son travail – son enquête –, il est payé pour croire au diable[29]. Satan, après tout, « est une bonne source de revenus[30] ».

Aux trousses de Corso, galope une kyrielle de poursuivants inquiétants, tous férus de démonologie mais plus comiquement charlatans les uns que les autres, courant les uns derrière les autres. Une mystérieuse belle aux yeux verts, d'une grâce surnaturelle, pareille à la Biondetta du *Diable amoureux*[31], comme « faite de rosée, de vapeurs terrestres et de rayons de lumière, des débris d'un arc-en-ciel condensés[32] », surgira au bon moment, tel un Zorro lumineux, pour tirer Corso de tous les mauvais pas – « elle n'est point accourue, elle a volé[33] » à son secours : c'est littéralement cela que l'on voit dans le film, et c'est, sous Polanski, littéralement Cazotte. Comme dans *Le Diable amoureux*, c'est la jeune fille – Biondetta/Belzébuth, mais un Belzébuth sincère, transformé par l'amour dans le roman de Cazotte que lit et commente la belle aux yeux verts dans celui de Pérez-Reverte[34] – qui secrètement

29. Arturo Pérez-Reverte, *Le Club Dumas*, *op. cit.*, p. 262.

30. *Ibid.*, p. 283.

31. Jacques Cazotte, *Le Diable amoureux* (1772), Paris, Garnier-Flammarion, 1980.

32. *Ibid.*, p. 93-94.

33. *Ibid.*, p. 114.

34. Dans le livre de Pérez-Reverte, c'est le livre que lit la mystérieuse jeune fille. Elle lui dit : « Tu sais pourquoi j'aime ce livre, Corso ? Parce que le

mène et peut-être détourne la danse de ces endiablés cocasses. Jusqu'à la clé en forme d'image enfin « authentique », capable veut-on croire de certifier le tout – le vrai livre du diable, autrement dit le faux en majesté – et d'ouvrir la neuvième porte au ci-devant sceptique et arnaqueur avisé, happé à son tour, et qui avancera, extatique et avide, vers la lumière aveuglante de la porte infernale qui s'ouvre enfin à lui.

Sur quoi ? L'histoire, justement, ne le dit pas. Au spectateur de créer sa lecture, juste ou fausse. Corso qui comme Don Juan ne croyait ni à Dieu ni au diable, mais seulement que deux et deux font quatre, et quatre et quatre huit, et qui comme Sganarelle se souciait avant toute chose de ses gages – il n'a foi qu'en son pourcentage –, le voilà prêt

---

héros est sincère. Son amour n'est pas un simple stratagème pour condamner une âme. Biondetta est tendre et fidèle » (*Le Club Dumas*, *op. cit.*, p. 262). C'est un autre livre que lit la jeune femme dans le film de Polanski : *How to Win Friends and Influence People*. Il s'agit d'un best-seller mondial de Dale Carnegie paru en 1936, un ouvrage de développement personnel. Choix en partie ironique, si l'on s'en tient au titre. Mais pas uniquement peut-être, puisque l'objet de la pensée de Dale Carnegie touche à ce qu'on a appelé le « paradoxe de la sincérité volontaire ». Un paradoxe à l'œuvre dans ce que met en jeu l'activité de l'acteur, dont l'art est de rendre vrai un personnage et nous conduit par conséquent à réfléchir à la nature de la vérité dans l'ordre de la fiction. Question au cœur du film ; question éminemment polanskienne. L'arrière-fond que constitue chez Pérez-Reverte la référence littéraire à Cazotte n'est pourtant pas absent. Mais il est, pourrait-on dire, transcrit sur un mode purement cinématographique, à travers mille détails, dont la palette subtile du jeu des regards. Celui, intense et tellement parlant alors qu'elle prononce si peu de mots, du personnage interprété par Emmanuelle Seigner mais aussi celui du réalisateur sur son interprète distillent avec une légèreté proprement féerique quelque chose de cette teneur amoureuse pourtant jamais explicite. Une atmosphère, une tonalité.

à abandonner son chèque aux multiples zéros sitôt qu'il croit comprendre l'enjeu mirobolant de la course. Il lui faut à tout prix le livre satanique, dût-il pour l'obtenir tuer à son tour. Tuer Balkan – lequel s'en chargera lui-même, comme dans les contes où la méchante sorcière est punie.

Car Balkan lui aussi aura été mystifié – le noir sortilège pour lui a fait flop quand il se figurait avoir atteint le but. Et se croyant invulnérable grâce au livre du diable, ignifugé en somme, il brûlera comme une torche, à l'instar de Torchia, l'auteur maudit envoyé sur le bûcher par la Sainte Inquisition (lui non plus d'ailleurs, qui pourtant mieux que tout autre connaissait la formule qu'il a disséminée dans les volumes des *Neuf Portes du royaume des ombres*, le diable ne l'aura pas sauvé). Las, la dernière image, celle de la grande prostituée de Babylone chevauchant la Bête de l'Apocalypse, était un faux – l'infalsifiable signature de Lucifer maître du faux aura été falsifiée. Par quel génial faussaire, émule de Lucifer ? On ne le saura pas. On appréciera en tout cas l'ironie de l'affaire. Un faux ! C'est le secret qu'après en avoir fait son captif érotique, la créature déliée au regard hypnotique révélera, délicieusement désinvolte et comme en passant, à Corso. Peut-être, de mèche avec les frères Ceniza, en est-elle l'auteur ? Peu importe. La belle aux mille ressources, gracieuse fée du karaté, pilote farceur d'une rutilante Ferrari volée à quelque émir du pétrole pour poursuivre les poursuivants, ange ou démon gardien d'un Corso définitivement ensorcelé, sait la vérité. Elle a quelque accointance d'ailleurs, dans la filmographie de Polanski, avec la Wanda/Wanda de *La Vénus à la fourrure*, également interprétée par une Emmanuelle Seigner au sommet de son art, veine ultra-comique incluse. Wanda, l'actrice sagace autant qu'elle est fantasque qui saura être une Wanda de fiction plus vraie que nature, elle aussi mène le jeu, comme surgie de nulle part, et ensorcelle le metteur en scène quelque peu arrogant – imperceptiblement grimé en Polanski – en le menant tambour battant au cœur de la vérité de l'œuvre redoutable qu'il prétend affronter. Et comme dans Shakespeare, en comédie vertigineuse le théâtre dans le théâtre capturera le vrai.

Pour revenir à Corso, est-il demeuré, à travers les péripéties de son étrange enquête, pareil à lui-même – en pire peut-être, lui que son double inquiétait dans le reflet d'une vitre –, puisque rien n'a jamais compté que son profit ? Ou alors perdant pied, gagné par le rêve fou d'un pouvoir absolu et tout rationalisme jeté aux orties, s'est-il laissé troubler par les coïncidences entre les images de ce Lucifer bédéiste et les situations mortelles qu'il a dû affronter ? Le libraire pendu par un pied, comme dans l'image, il peut aisément interpréter cela comme un message trivial, dénué de tout surnaturel, adressé par la veuve qui par tous les moyens veut se réapproprier l'exemplaire des *Neuf Portes* qu'il a entre les mains, cédé à Balkan par son époux suicidé. Mais le visage des Ceniza, sur l'image du livre qui figure un danger venu d'en haut, alors qu'il a manqué se faire écraser par l'effondrement d'un échafaudage en sortant de chez les jumeaux benoîtement infernaux ? N'est-ce pas l'indubitable signe que le démon est bel et bien à l'œuvre dans cette histoire ? « À ce stade de la trame, la ligne qui séparait la réalité de l'imaginaire lui paraissait passablement diffuse. Corso, être de chair et de sang, titulaire d'une carte d'identité, domicile connu [...], cédait chaque fois plus à la tentation de se considérer comme un personnage réel dans un monde irréel. Ce qui n'avait rien de très divertissant, car de là à se croire aussi un personnage irréel s'imaginant réel dans un monde irréel, il n'y avait qu'un pas : celui qui sépare l'homme sain d'esprit du cinglé. Et il se demanda si quelqu'un, un romancier à l'esprit tordu ou auteur ivrogne de scénarios bon marché, était en train de l'imaginer en ce moment comme un personnage *irréel* qui s'imaginait être *irréel* dans un monde *irréel*[35] », comprend-on, à suivre le tourbillon qui happe de plus en plus irrésistiblement Corso. L'on peut imaginer que ces lignes du roman d'Arturo Pérez-Reverte aient pu résonner de façon troublante pour Roman Polanski, tant elles sont proches, souvenons-nous, de ce que lui-même écrit dans son autobiographie : tout au début, et alors cela évoque le salut qu'offre l'imaginaire dans une existence exposée au pire ; puis à la fin, mais cette fois pour dire le cauchemar du *fake* abattant sur lui ses tentacules empoisonnés.

Sans doute est-il temps pour Corso (et pour nous, pourquoi pas !) de lire – de relire – *L'Ingénieux Hidalgo Don Quichotte de la Manche.* N'en a-t-il pas entre les mains une merveilleuse édition illustrée ? Vrai, faux, fictif – c'est-à-dire poétique –, ces distinctions salubres,

---

35. Arturo Pérez-Reverte, *Le Club Dumas*, *op. cit.*, p. 322.

que l'œuvre entière de Polanski nous donne à méditer, seraient sa délivrance. Y compris au sein de la fiction – le roman d'aventures philosophique de Pérez-Reverte, le film drolatique, étourdissant et profond qu'en extrait Polanski. Quant à nous, ne perdons jamais de vue que le fictif authentique, non dévoyé en *storytelling* pesamment démonstratif, est une porte – la neuvième ? – sur le vrai.

Alors Corso a-t-il, comme tant d'autres, lâché la proie (et les dollars que lui doit Balkan) pour l'ombre – pour l'empire promis (veut-il croire) par le maître du « royaume des ombres » ? Royaume des ombres… Quoi de moins consistant que des ombres, justement ? Tel est le sel de l'affaire : à se persuader que le livre maudit a *réellement* été écrit par monsieur Lucifer en personne – que son contenu, ésotérique plutôt que littéraire, n'est pas de l'ordre de la fiction –, plus rien ne subsiste. Ni l'espace de la fiction, ainsi réduit en cendres (*cenizas*), ni la réalité, entièrement arraisonnée par le *fake* selon lequel Lucifer – prière de ne pas rire – a rédigé ce guide des abusés volontaires. La réalité néanmoins demeure irréductible, très sombrement pour le coup, sous la forme des cadavres bien réels qui parsèment la quête de ce Graal démoniaque. Tout cela représente, on le comprend sans mal, l'inverse absolu de *Don Quichotte*. Corso a été fort avisé de voler l'ouvrage – à condition toutefois qu'il sache accorder crédit à Cervantès, rieur sagace, plutôt qu'au ramassis de sornettes mystico-sataniques dont Satan est l'auteur… inexistant. Inexistant, non imaginaire tel Sidi

Ahmed Benengeli confiant ses merveilleuses histoires à l'ingénieux Cervantès[36].

En courant chez les frères Ceniza volatilisés chercher l'image « authentique » manquante à l'œuvre du démon – seul cette fois, sur la foi d'un billet laissé par la vraie-fausse grande prostituée de Babylone (volatilisée elle aussi) qui l'a si bien chevauché à la lueur de l'incendie où Balkan s'est consumé, qu'apprendra-t-il ? Qui deviendra-t-il ? Avec ses lunettes de myope qu'il ne cesse d'ajuster – comment y voir clair ? *that is the question* ! –, son air mi-naïf, mi-roué, il n'a guère le look, ni les sept têtes monstrueuses de la Bête de l'Apocalypse, force est de l'admettre. Peut-être que, comme dans *Le Diable amoureux*, « Alvare [alias Corso] est dupe jusqu'à un certain point, mais sans être une victime ; son adversaire [et ange gardien], pour le tromper, est réduit à se montrer honnête[37] ». Le diable en femme amoureuse. « Il semble que l'auteur ait senti qu'un homme qui a la tête tournée d'amour est bien à plaindre ; mais lorsqu'une jolie femme est amoureuse de lui, le caresse, l'obsède, le mène, et veut à toute force s'en faire aimer, c'est le diable[38] », conclut Jacques Cazotte, aimablement moqueur envers ses congénères masculins. Le cynique Corso serait-il tombé

---

36. Au début de *Don Quichotte*, Cervantès s'amuse à raconter au lecteur cette fable : lui, Cervantès, n'est que le traducteur des *Aventures de l'ingénieux hidalgo Don Quichotte de la Manche*, œuvre d'un auteur arabe nommé Sidi Ahmed Benengeli, qui lui en aurait un jour transmis les feuillets dans une ruelle de Tolède.

37. Jacques Cazotte, *Le Diable amoureux*, *op. cit.*, p. 127.

38. *Ibid.*, p. 182.

amoureux sans le vouloir – sans le savoir ? La belle « aux yeux étoilés[39] », en tout cas, depuis le début le mène.

L'image convoitée tombera à ses pieds, comme apportée par le vent. La neuvième porte qui s'ouvre enfin à lui, est-elle une preuve de l'existence du diable ? Ou bien de l'amour sincère de la tendre, de la lumineuse, de la poétique Biondetta – nous appellerons ainsi ce Belzébuth littéraire/cinématographique, en suivant les « poteaux indicateurs » littéraires que le roman de Pérez-Reverte dispose pour son lecteur, brillamment transposés dans la délicatesse aimante et la fantaisie discrètement lyrique dont la caméra de Polanski enveloppe la beauté aux yeux verts qu'interprète, en s'amusant visiblement beaucoup, Emmanuelle Seigner ? Au spectateur d'en décider. En méditant l'avertissement selon lequel « l'information que procure un livre [une œuvre d'imagination] n'est jamais fausse », mais qu'en revanche le lecteur peut en faire « une lecture fausse[40] ». Telle est sa responsabilité.

Quant à la noirceur, au *fake* en ses monstrueux ravages, au Mal en somme – Boris Balkan est un assassin

---

39. Ces mots sont extraits d'un bouleversant poème érotique intitulé *Les Neuf Portes de ton corps*, que Guillaume Apollinaire adresse à sa fiancée Madeleine Pagès. Écrit le 21 septembre 1915 dans la boue sanglante des tranchées, il dit la puissance vitale de l'amour sexuel – Éros dans toute sa plénitude. Le cercle magique que trace le lien d'amour poétique-érotique dissipe, envers et contre tout, les affreuses ténèbres où disparurent tant de jeunes hommes. Que ce poème soit ou non en arrière-plan ici, peu importe. La rêverie associative qui le fait surgir à l'esprit ne trahit sans doute pas un fil mystérieusement scintillant qui court à travers ce film et luit à travers le personnage qu'incarne Emmanuelle Seigner.

40. Arturo Pérez-Reverte, *Le Club Dumas*, *op. cit.*, p. 415.

méthodique, Corso aurait pu le devenir à son tour, la très rapace et très sexy Liana Telfer n'est pas en reste –, peut-être souhaiterions-nous, pour « excuser les hommes », « croire au démon[41] ». Un vœu non pieux. Sans illusion, et sans cynisme.

Polanski ne croit pas à Dieu, ni au diable. Sans amertume, mais pleinement lucide, il sait, pour en avoir souffert directement la sauvagerie, l'effrayante étendue du mal dont les hommes sont capables. Ce savoir n'admet ni confusion ni faux-semblant ; il renvoie à leur médiocrité malveillante les professeurs de vertu et exorcistes de carnaval, qui ne font autre chose que projeter sur le Malin auquel ils veulent à tout prix croire – et sur les maudits qui pour leur bonne conscience mensongère l'incarnent – leurs propres turpitudes. Ainsi Balkan qui croit vraiment au diable, et quelques autres personnages de *La Neuvième Porte* ; ainsi les vautours qui font leurs misérables affaires en s'acharnant, au nom du Bien, sur Roman Polanski.

Mais Polanski sait aussi que l'art et la création, pourvu qu'ils ne se laissent pas frelater par des considérations étrangères à leur source régénératrice – la puissance toujours neuve de l'imagination, et la prise sûre sur le réel qu'elle nous offre –, donnent accès au meilleur de l'humain.

---

41. « J'aurais voulu croire au démon pour excuser les hommes », écrit ainsi Édith Thomas dans son récit romancé *Le Jeu d'échecs* (1970), Paris, Viviane Hamy, 2018, p. 66.

Son œuvre, dénuée de la fausseté des bons sentiments, vitalement inventive et puissamment décapante, démontre ainsi, de film en film, et de multiples manières, l'intégrité absolue, et la liberté sans fard d'un homme libre de haine, capable de nous ouvrir un passage généreux autant que dessillé sur ce que nous sommes. Avec en prime une qualité d'émotion et un gain de plaisir extraordinairement réparateurs.

Les chasseurs en meute n'y pourront rien.

Si les écailles tombent des yeux…

Je voudrais ouvrir les esprits que ferment les préjugés.

Georges Clemenceau

Transmettre

Dans *Promenade à Cracovie*[1], documentaire dans lequel les réalisateurs polonais Anna Kokoszka-Romer et Mateusz Kudla filment le retour de Roman Polanski, en compagnie de son ami Ryszard Horowitz, sur les lieux de son enfance et de sa prime jeunesse à Cracovie pendant et juste après la Seconde Guerre mondiale, Polanski raconte qu'il y avait chez lui une « lampe bizarre », dont ses parents lui disaient le plus sérieusement du monde, il était alors tout petit, qu'elle était « un détecteur de mensonges ». Message reçu cinq sur cinq semble-t-il ! Les films de Polanski sont assurément pour nous, dans un monde de plus en plus aliéné à l'insondable sottise du *fake,* à sa violence destructrice, une lampe de cette espèce. Avec une clarté et une évidence qui surpassent

1. Voir Sabine Prokhoris, « Elle aimait toute chose, les enfants, les fleurs… », *Positif,* n° 749-750, juillet-août 2023.

toute démonstration, ce film infiniment délicat, œuvre de transmission essentielle et leçon de vérité d'une justesse rare, nous fait comprendre pour quelles raisons vitales il en va ainsi : voir et faire voir le réel, transmettre cela à travers la matérialité – corps et âme – faite œuvre du regard singulier de l'ancien enfant destiné à l'extermination, nulle plus tenace résistance à la disparition programmée. Plus d'une fois, Polanski a souligné que son propre corps définit l'utilisation qu'il fait de la caméra : très concrètement à la hauteur de ses yeux[2], préservés de la destruction par la chance et par la « simple bonté[3] » de quelques humains. Gage de résistance à la dissolution du réel, le regard clairvoyant de Roman Polanski, l'enfant sauvé, ne s'éteindra pas : même au-delà de sa propre existence, ses films ne cesseront d'en témoigner.

De l'importance de cela, *Promenade à Cracovie* nous fait prendre l'entière mesure, en même temps qu'à travers le dialogue d'indéfectible amitié de Roman Polanski avec Ryszard Horowitz le film, ignorant superbement les couches et les couches de désinformation qui occultent en le défigurant le visage de Roman Polanski, nous fait percevoir qui est vraiment cet homme. Un homme d'une vitalité impressionnante, d'une intégrité totale, et qui, en dépit de tout, a su conserver en lui une bouleversante

---

2. « Comme c'est moi qui raconte un film, c'est à ce niveau que je place mon cadre. C'est de là que je vois la vie et où je me sens confortable » (extrait d'un bonus de DVD, *Tess*).

3. Formule de l'écrivain Vassili Grossman, qui dit : « Je ne crois pas au Bien, je crois à la simple bonté. »

innocence d'enfance, que renouvelle sans cesse sa capacité créatrice.

> Qui tente de s'approcher de son propre passé enseveli doit faire comme un homme qui fouille. [...] Et il se frustre du meilleur, celui qui fait seulement l'inventaire des objets mis au jour et n'est pas capable de montrer dans le sol actuel l'endroit où l'ancien était conservé. Ainsi les véritables souvenirs doivent-ils moins procéder du rapport que désigner exactement l'endroit où le chercheur a mis la main sur eux. Au sens le plus strict, le véritable souvenir doit donc, sur un mode épique et rhapsodique, donner en même temps une image de celui qui se souvient[4].

Ces lignes de Walter Benjamin qualifient de la plus exacte des manières ce qu'accomplit de façon exemplaire le film d'Anna Kokoszka-Romer et de Mateusz Kudla. Il en va ainsi s'agissant de Roman Polanski, dont les souvenirs sont plus précis et plus vifs que ceux de Ryszard Horowitz – il était de quelques années plus âgé que son camarade, mais surtout peut-être la disparition de sa mère et de sa grand-mère rend absolument primordiale la nécessité de ne pas laisser s'effacer les images conservées dans sa mémoire. Son corps d'acteur, si plastique qu'il parvient à faire surgir les scènes évoquées sous nos yeux capables alors de les imaginer, son visage d'homme aujourd'hui âgé traversé

4. Walter Benjamin, « Fouille et souvenir », *Images de pensée*, trad. Jean-François Poirier, Jean Lacoste, Paris, Christian Bourgois Éditeur, 1998, p. 181.

par instants d'émotions silencieuses d'autant plus profondes qu'elles sont sans emphase, tout cela nous fait voir la vérité. La vérité de ce qui advint. La vérité quant à l'homme, devenu par la suite un artiste essentiel, qui ici se souvient.

Cela se voit et s'entend dans *Promenade à Cracovie*, où se formule aussi, dans la bouche de Polanski, le souci scrupuleux – parce qu'il est vital – de préserver intacte et fraîche la vérité, en l'occurrence l'empreinte vivace en lui de ce qui fut. De ce qui réellement exista. À deux reprises, et de deux façons, il exprime cela.

Sans paroles d'abord, dans un geste retenu, celui par lequel il renonce à pousser la porte de l'appartement où vécut sa grand-mère, disparue comme sa mère, dans une chambre à gaz. C'est que revoir, des décennies plus tard, des lieux aussi chargés de souvenirs fait surgir une menace terrible. Car la perception de leur état actuel, qu'il anticipe si différent, recouvrira inévitablement la perception ancienne gardée en mémoire et la fera en partie disparaître. Pour un homme dont la mère et la grand-mère périrent dans les chambres à gaz d'Auschwitz, entrer dans l'appartement jadis occupé par la grand-mère assassinée représente ainsi un danger mortel. Le risque est trop grand que le souvenir précieux de la figure de l'aïeule s'engloutisse dans les sables mouvants d'un brouillard d'images – celles qu'imposerait l'appartement oublieux –, vides de sens pour Polanski. Le projet nazi de destruction radicale – la Solution finale –, dont la spécificité empoisonnée s'estompe dans la conscience des générations contemporaines, quand elle n'en est pas purement et simplement évacuée, y trouverait son ultime triomphe. Car la Shoah, justement, c'est l'anéantissement organisé des êtres autant que des traces de leur existence.

À l'évidence, cette porte ne doit pas être ouverte.

Le second moment où, sous une autre forme, surgit la question des conditions de la vérité, impératives et salvatrices, mais également morales, a trait au choix, qu'explicite Roman Polanski, de n'avoir jamais tourné de film situé à Cracovie. *Le Pianiste*, si nourri de ses propres souvenirs entremêlés à l'adaptation extrêmement littérale du récit de Wladyslaw Szpilman, se déroule à Varsovie. C'est ce qui permet à Polanski de reconstituer, au moyen d'un décor, la ville – pas celle, justement, qui demeure vivante en lui, et dont chaque pierre lui est familière, ainsi qu'il le confie dans *Promenade à Cracovie*. Il peut alors insuffler la vivacité de sa mémoire intime à cette histoire à la fois proche et autre que la sienne. Cela donne un film extraordinairement puissant dans la vérité et l'authenticité de l'émotion qu'il transmet. Mais cet acte de création et de transmission est possible parce que la ville, scrupuleusement recréée par les moyens et les artifices du cinéma, n'est pas Cracovie. La ville d'enfance doit demeurer à l'abri, intacte dans la lumière suspendue de la mémoire. Sans quoi la source pure et vive où s'alimente et s'impulse l'acte artistique porteur de véridicité qui aboutit à la réalisation de ce film bouleversant, *Le Pianiste*, se verrait irrémédiablement tarie. Plaquée comme un enduit asphyxiant sur l'intensité palpitante et fragile des souvenirs, une refabrication cinématographique de Cracovie représenterait une menace de falsification, explique Roman Polanski. Non plus Cracovie mais, occultant ces « points brillants[5] » de la mémoire où s'illumine le réel, une ville de carton-pâte. La vérité s'en trouverait emmurée. La vérité de la solitude du jeune garçon, de la survie, de la bonté et de la résistance à la destruction, celle de la cruauté du réel, que dit aussi, de façon poignante et drôle, l'adaptation sensible que fit Polanski d'*Oliver Twist*. Pour ses enfants, a-t-il un jour confié. Imagine-t-on transmission plus pudique – et plus juste ? D'une autre façon, *La Jeune Fille et la Mort*, à travers le duo troublant de l'ancien tortionnaire interprété par un Ben Kingsley génialement à contre-emploi de son Gandhi, forcément présent dans toutes les mémoires, et de l'ancienne victime de ses sévices que joue magistralement Sigourney Weaver, se ressaisit de ces questions jusqu'au vertige.

Jusqu'au vertige, car l'enjeu, pour Paulina Escobar, au cours des quelques heures de cette nuit terrible qu'un hasard ridicule a provoquée, est d'expulser coûte que coûte l'horreur et la terreur depuis si longtemps silencieusement tapies en elle – comment ne pas songer ici, serait-ce inconsciemment, à *Alien* ? Expulser d'elle cette monstruosité, mais du même coup la traquer pour la débusquer enfin en Roberto Miranda, mauvais indécidable jusqu'au dénouement. Car cette géhenne gît, tel un poison lent, non seulement dans les stigmates dont la chair de Paulina est à tout jamais marquée, mais dans le lien terrible – de haine pure – qui

5. Henri Bergson, dans un passage de son essai *Matière et mémoire*, propose cette image : « Il y a toujours quelques souvenirs dominants, véritables points brillants autour desquels les autres forment une nébulosité vague. »

la lie à l'ancien bourreau. C'est ce lien terrible, torture de chaque minute, qui la maintient captive d'un passé toujours menaçant. Il lui faudra le dissoudre. Comment y parvenir sans se perdre définitivement ? C'est une des interrogations, redoutable et sans réponse donnée d'avance, qui traverse le film. En contrepoint, un mari en robe de chambre et pantoufles, témoin malgré lui de cette manière d'exorcisme, ouvrira, à son corps défendant, les yeux sur l'indicible. Il se verra envahi à son tour, lui l'humaniste, par le mal qu'il n'a cessé de vouloir conjurer. « Pire que le bruit des bottes, le silence des pantoufles » : on se souvient de la phrase de Max Frisch. Un silence ouaté où s'ensevelit, avec l'âpre souci de la vérité, toute chance de se voir délivré du mal. Enjeu vital, on le comprend. À travers le personnage de Gerardo Escobar, et dans le clair-obscur de ces trois âmes tourmentées, c'est littéralement cette urgence-là qui nous saute à la figure. Un jour ou l'autre au cours d'une vie, cela résonne, pour chacun[6].

Pour en revenir, après cette incise, à l'admirable film d'Anna Kokoszka-Romer et de Mateusz Kudla, nulle part ailleurs que dans cette œuvre salutaire on ne saisit d'aussi près, et avec autant de simplicité, qu'en Roman Polanski plus qu'en tout autre peut-être, l'homme et l'artiste forment une seule et même personnalité. Indissoluble unicité, qu'articule le clair souci de la vérité, et qui transparaît dans tous ses films, dans certains de façon particulièrement

6. Sur ce film et les questions qu'il soulève, voir l'entretien avec Roman Polanski publié dans le livret qui accompagne la réédition du film en DVD, Tamasa, 2023.

aiguë. La photographie qu'au cours de leurs pérégrinations communes son ami Ryszard Horowitz prend de lui dans l'embrasure d'une porte exprime directement, et sans nul artifice, cette droiture et cette vitalité d'un seul tenant humaines et artistiques. Crâne espièglerie en prime.

Des yeux couverts d'écailles

Or *Promenade à Cracovie*, au motif que « Violanski » en était un des deux protagonistes, s'est vu boycotté en France. Initialement, seules deux salles avaient accepté de le programmer, les autres arguant du fait que « le public ne voulait plus entendre parler de Polanski », et prétendant en outre que le film – couvert de récompenses, y compris des prix du public en Pologne et en Italie – « n'était pas bon ». La ténacité de sa distributrice française, Michèle Halberstadt, relayée par les protestations vigoureuses d'un article dans le magazine *Marianne* et d'une tribune que j'ai publiée dans le magazine *L'Express*[7], a permis que d'autres salles franchissent le pas à leur tour. En tout une dizaine de cinémas en France[8], suivis par quelques autres après la première semaine d'exploitation, puisque le public était au rendez-vous : séances très fréquentées, applaudissements à

7. 27 juin 2023. Le même jour le magazine *Marianne* publiait un article d'Olivier de Bruyn sur le même sujet. L'intervention de Michèle Halberstadt dans l'émission « C à vous » avait eu lieu le 22 juin 2023.

8. En Pologne le documentaire a été montré dans une cinquantaine de villes et diffusé à la télévision, et en Italie dans soixante-sept villes et sur quatre-vingts écrans. Ce n'est guère à l'honneur de la France…

la fin des projections – chose rare au cinéma. Les activistes redoutées étaient cette fois restées à la niche. Pourtant malgré cela, la sortie du film est demeurée dans certaines villes quasi clandestine, y compris dans les cinémas qui le programmaient, dont certains s'abstinrent d'en montrer l'affiche, ou parfois la tronquèrent[9]. Une actrice[10] jouant les professeurs de vertu crut bon de poster sur Instagram une affiche du film, assortie du pieux avertissement que voici : « Ce n'est pas une réhabilitation ce documentaire, mais le devoir de mémoire… » (et blablabla).

La presse se partagea entre quelques-uns – peu nombreux – qui reconnurent la valeur de ce film essentiel, souvent en se croyant obligés de rappeler que Polanski avait été condamné pour « viol » aux États-Unis, ce qui est notoirement inexact, et qu'il était accusé (c'est-à-dire coupable, dans l'Évangile selon #MeToo) de viol par plusieurs femmes[11], d'autres qui ne soufflèrent mot du film, enfin certains qui crurent intelligent et perspicace de le

---

9. Par exemple le cinéma L'Arlequin, au cours de la première semaine d'exploitation pourtant dans la grande salle, s'est abstenu de présenter une affiche à l'extérieur. Sur le mur faisant face à l'escalier qui menait à la salle de projection – même pas dans le hall – était placardée une affiche tronquée, dont seul le tiers inférieur demeurait visible. Autrement dit on ne voyait plus que les pieds des deux protagonistes, leurs visages ayant disparu. Par la suite, des remarques ayant été faites sur ce choix quelque peu couard, l'affiche a été rétablie intégralement.

10. Clotilde Courau.

11. En particulier Sandrine Treiner, dans *Le Journal* (de Laurent Joffrin), dont le texte est orné, comme d'une méchante verrue, de quelques lignes empreintes de componction #metooféministe, de la même farine que le post de l'actrice ci-dessus citée.

traiter par le mépris : « *Promenade à Cracovie* passe, on passe son chemin » titrait ainsi un article d'une morgue à la mesure de son ineptie abyssale publié dans le quotidien *Libération*, équivalent dans sa teneur d'une sorte de : « La Shoah ? Circulez, y'a rien à voir[12] ! »

Le Monde ne fit guère mieux : toute honte bue, un des arbitres des élégances cinématographiques du grand quotidien du soir décréta le documentaire mauvais et « sans émotion[13] » (le même auteur, quelques jours plus tard, lyrique à propos du blockbuster relativement distrayant mais hélas d'une vacuité absolue, *Dead Reckoning*, le dernier produit *Mission : Impossible*, au scénario cette fois particulièrement indigent, gratifiait le lecteur de ces mots définitifs : « Autant de choses qui se rejoignent : aller à contre-courant, remonter la pente, résister à la dilution fatidique des êtres et des choses. Mission : vivre encore un peu. » Cherchez l'erreur…).

Le magazine *M* s'en tira d'une façon particulièrement ambiguë, en publiant un long article[14], fort bien écrit et en aucun cas malveillant, mais qui, sans parler du film et de sa dynamique fondamentalement dialogique, se centrait très prudemment sur le seul Ryszard Horowitz. Roman Polanski se voyait presque totalement absenté de l'histoire, dans ce texte qui donnait l'impression fausse que

12. Didier Péron, « *Promenade à Cracovie* passe, on passe notre chemin », *Libération*, 5 juillet 2023.

13. Jacques Mandelbaum, *Le Monde*, 12 juillet 2023.

14. Samuel Blumenfeld, « Promenade à Cracovie avec Ryszard Horowitz », 1er juillet 2023.

le documentaire était en réalité un film sur Horowitz, Roman Polanski n'y existant que marginalement, pour lui donner la réplique peut-être…

Tout se passe donc comme s'il était désormais tacitement admis par tous, voire tranquillement intégré, qu'il fallait maintenant faire disparaître Roman Polanski[15]. Décret de proscription, sinon d'effacement, mis en œuvre notamment par des médias se targuant de dispenser la vérité sur le Bien et le Mal. S'agissant d'un film qui nous parle de la survie de l'enfant esseulé que fut Polanski, mesure-t-on l'obscénité de l'entreprise ? Faut-il être insensible pour ne pas se soucier de la violence insigne que porte pareille annulation, quand on imagine ce que ce documentaire a pu représenter pour Polanski, puisque c'est grâce aux jeunes réalisateurs polonais qu'il put enfin retrouver le descendant des paysans qui l'accueillirent lorsque ses parents furent déportés ?

Un #MeToo des faussaires

On l'a vu, la fabrication médiatique du « monstre » Polanski est une interminable histoire de fantasmes morbides et de désinformation. « Cinquante ans de turpitudes », pour citer le titre d'un article présentant une émission de télévision faussement honnête que nous

15. À l'heure où j'écris ces lignes, il n'y a pas de distributeur en France pour *The Palace.*

avons évoquée[16] : mais de turpitudes médiatiques. Pour autant, jusqu'à l'épisode de novembre 2019, lors de la sortie de *J'accuse* – film sur la falsification et sur l'antisémitisme, à travers une affaire française qui fractura profondément et durablement l'opinion, non sans laisser de traces profondes, comme le montrent cruellement le moment de la collaboration avec l'occupant nazi et la politique anti-Juifs conduite par le gouvernement de Pétain –, Polanski put mener en paix une carrière créatrice brillante, mondialement reconnue. Pour rappel, lorsqu'il fut inquiété en 2009 par la justice helvétique à qui les États-Unis demandaient l'extradition du cinéaste, le milieu du cinéma et de nombreux intellectuels de renom firent bloc autour de lui. En 2017, au départ fulgurant du mouvement #MeToo, des accusatrices profitant de l'aubaine « "moi aussi", n'est-ce pas ? Polanski, bon client ! » sortirent soudain du bois enchanté de l'« amnésie traumatique », et les féministes hurlèrent au « violeur » lors de la rétrospective de son œuvre à la Cinémathèque. Son directeur ne plia pas.

C'est à partir du moment où Valentine Monnier, dans une coordination parfaite avec la prestation retentissante de l'actrice Adèle Haenel sur Mediapart, déboula opportunément sur le devant de la scène que le boycott de plus en plus systématique de Roman Polanski se mit

16. « L'affaire Polanski, cinquante ans de turpitudes sur France 2 », par Olivier Delcroix, *Le Figaro*, 11 novembre 2021, à propos de « Complément d'enquête », France 2, ce même jour (au sujet de cette émission, voir plus haut).

en place à une vitesse stupéfiante. Les deux piliers de la « légende noire » – la preuve par le soufre, la preuve par le « viol » initial, cette version hautement trafiquée étant devenue la vérité officielle sur l'épisode Samantha Geimer – trouvèrent une nouvelle jeunesse, grossièrement liftée/botoxée. Mais la fausse monnaie fit encore une fois l'affaire. Plus que jamais sans doute.

Les Césars 2020 récompensèrent encore le grand réalisateur, pour *J'accuse* – un reste d'honnêteté et de raison subsistant chez les votants. Mais les #MeToo-féministes vomirent sans retenue leur haine, les intellectuelles organiques du mouvement et les politiques en rajoutèrent. À l'exception de quelques rares personnes, le milieu du cinéma tourna le dos à Roman Polanski. Rappelons que le réalisateur ne trouva aucun producteur en France pour son dernier film[17], plusieurs acteurs français qui auraient jadis vendu père et mère pour jouer dans un de ses films déclinèrent un rôle par peur pour leur précieuse carrière, et à l'heure où j'écris ces lignes, *The Palace* n'a toujours pas de distributeur en France.

Revenons donc à la « jeune femme » – soixante-trois ans au compteur en 2019, certes, mais les photos ne mentent pas, n'est-ce pas *Paris Match* ? – qui a intitulé son manifeste publié dans *Le Parisien* « Pourquoi j'accuse Roman Polanski aujourd'hui ». Car si nous avons décrit et commenté les prouesses des chevaliers blancs du

17. Roman Polanski réussit cependant à tourner *The Palace*, avec des producteurs italiens, polonais et suisses, moins pusillanimes que leurs homologues hexagonaux.

#MeToo-journalisme, nous n'avons pas encore commenté le texte de Valentine Monnier intitulé « La Vérité sortant du puits », en référence à un tableau allégorique offert à Émile Zola par le peintre Édouard Debat-Ponsan pour rendre hommage à son engagement dreyfusard.

Passons sur le style ampoulé de cette prose qui n'évite pas le ridicule – « Il me frappa, roua de coups jusqu'à ma reddition puis me viola en me faisant subir toutes les vicissitudes », écrit Valentine Monnier. Que voilà une scène bien *gore*… Mais que diable vient faire dans cette galère narrative le mot « vicissitudes », dont il semble que Valentine Monnier ignore le sens (la journaliste enthousiaste qui l'a publiée ne paraît pas s'être rendu compte de la bourde, sans quoi elle aurait pu suggérer à son héroïne d'éviter d'écrire n'importe quoi). Vicissitude, comme chacun sait, signifie aléas, tribulations, fortunes diverses au cours du temps. On supposera que par ce mot en l'occurrence impropre, Valentine Monnier veut désigner ce qu'on appelle les « derniers outrages » ; mais peu importe, dans « vicissitudes », il y a « vice », c'est bien une preuve, n'est-ce pas ? D'ailleurs la demoiselle n'est-elle pas en personne la « Vérité qui sort du puits » ? Quand la Vérité, nue et bafouée, parle, tout ce qui sort de sa bouche torturée est d'or, forcément. Va donc pour « vicissitudes ». Le mot signifiera désormais ce que la Vérité-qui-parle (à la façon peut-être ici, quelque peu mécanique, des poupées de notre enfance) aura décrété (ou croira) – à moins que la phrase n'ait aucun sens ? Cet or serait-il du pur toc ?

Passons aussi sur le développement, en forme de contresens pur et simple, qui s'égare à croire que Roman Polanski se prendrait pour Dreyfus. Rien de plus faux, d'autant que le personnage central du film est Picquart, enquêteur – une des nombreuses figures d'enquêteur du cinéma de Polanski. Il est certain en revanche que Polanski sait de quoi il retourne s'agissant de l'antisémitisme comme des entreprises de falsification aux fins d'accusation. Le parallèle s'arrête là.

Entraînée sur cette fausse piste, la donzelle grandiloquente si atrocement « vissicitudée » va enfin ramasser la mise. Le jour même de la publication de sa lettre dans *Le Parisien*, c'est sous le titre *J'accuse* que Valentine Monnier inaugure sur son site l'exposition d'une série de photos[18], assez mièvres il faut bien dire, d'inspiration vaguement préraphaélite – un *work in progress*, nous explique-t-on. L'exposition est accompagnée d'une notice pesamment explicative – qui hélas ne peut qu'en disqualifier l'ambition artistique, noyée, c'est le cas de le dire, dans l'intention démonstrative –, autour du thème : « la plainte du corps après l'épreuve du viol ». « Il m'est interdit de parler, il m'est impossible de me taire », conclut le texte. *Business is business.* L'occasion rêvée d'un peu de publicité pour la photographe qui semble souffrir d'un certain déficit de reconnaissance professionnelle. À la rescousse, sur tous les tableaux – militant et promotionnel –,

18. https://www.valentinemonnier.com/work
C'est toujours actuellement la première entrée du site.

le magazine *Elle*[19], qui convoque une psy faisant ici office de communicante pour nous assurer opportunément que « les images de Valentine Monnier crient à sa place. C'est le cri d'une enfant blessée ». Laquelle psy, « frappée par son témoignage et par ses clichés », considère, alignant elle-même les clichés douteux de la victimologie traumatique façon Muriel Salmona[20], que l'« inconscient » de Valentine Monnier parle à travers ces photos, et « ne peut pas s'empêcher de dire "J'accuse" comme pour porter quelque chose qui n'est pas résolu sur la place publique ». Ah oui ?

« J'accuse », donc. C'est Valentine Monnier, incarnant d'un seul tenant la Vérité et Zola, qui est seule légitime à prononcer cette formule. Foi de psy. Soit.

Il convient pourtant d'observer ceci, qui a manifestement échappé à la psy imprudente et regrettablement dépourvue de la perspicacité élémentaire qu'on serait en droit d'attendre de l'exercice de sa profession : lorsque Zola publie dans *L'Aurore* son manifeste, « J'accuse… ! », il accuse les accusateurs, non l'accusé. Il accuse ceux qui accusent : ceux qui accusent sans preuves et en fabriquent fanatiquement de fausses pour les besoins de la cause. Or c'est très exactement l'inverse que fait Valentine Monnier. Valentine Monnier, la fausse jeune femme, accuse… l'accusé. Autrement dit, elle qui se fantasme

19. « Qui est Valentine Monnier, sixième femme à accuser le cinéaste de viol ? », *Elle*, 22 novembre 2019.

20. Voir Sabine Prokhoris, *Le Mirage #MeToo*, *op. cit*, à propos de Muriel Salmona, « l'exorciste officielle », p. 339 *et suiv.*

en Zola-et-la-Vérité-qui-parle est en réalité, sans s'en apercevoir… dans la position des Henry, Boisdeffre, et de toute leur clique de falsificateurs. Comme l'écrivait Georges Clemenceau, « quand la canaillerie est si bête, c'est presque de l'ingénuité[21] ». Ingénuité, en forme d'absence totale d'imagination : incapacité de voir plus loin que le bout de son triomphe du moment. Quoi qu'il en soit, pour ce qui nous occupe, de la pertinence d'une appréciation si peu amène, on observera que sans s'en aviser le moins du monde – on concédera qu'elle n'est pas la seule, le *fake* coulant ces temps-ci des jours on ne peut plus tranquilles –, Valentine Monnier (alias la Vérité-qui-parle) envoie un tout autre message que celui qu'elle croit délivrer *urbi et orbi.* « Constatez. Mon accusation est une calomnie. *Me too*, je suis une faussaire » : si l'on suit la logique de sa comparaison puérile et pour le moins hasardeuse, c'est précisément cela qu'elle signifie en réalité, en lançant sa fatwa triomphale depuis l'emplacement des faussaires acharnés dénoncés par Zola. Aveu involontaire, certes, mais éclatant. Aussi visible, et non vu, que la lettre volée de la nouvelle d'Edgar Poe. Il arrive, parfois, qu'on se prenne les pieds dans le tapis mité d'un mensonge… Comme l'écrit Pascal aux calomniateurs, « je n'ai besoin que de vous-mêmes pour vous confondre[22] ».

N'est-il pas alors enfin temps de recouvrer la raison, et que Valentine Monnier-nymphe éternelle, chaste et

21. Georges Clemenceau, *L'Affaire Dreyfus*, *Des juges*, édition établie par Michel Drouin, Paris, Mémoire du livre, 2009, p. 504.

22. Blaise Pascal, *Les Provinciales*, *op. cit.*, p. 443.

pure, soit vue pour ce qu'elle fait, ainsi qu'à son insu elle y invite n'importe quel lecteur un tant soit peu attentif ?

N'est-il pas temps surtout que se flétrissent, s'agissant de Roman Polanski et au-delà, les langages du mensonge ?

ADDENDUM

La symphonie des crachats
The Palace à la Mostra de Venise

Ce livre était terminé lorsque se tint la quatre-vingtième édition de la Mostra de Venise, où fut projeté, hors compétition, le dernier en date des films de Roman Polanski, The Palace. *Il nous a paru nécessaire de revenir, en quelques pages, sur cette séquence et de livrer au lecteur notre regard sur ce film.*

Polanski delendum est[1] – en bon français : il faut détruire Polanski. Quelle meilleure occasion que la projection de son dernier film, *The Palace*[2], à la Mostra de Venise le 2 septembre 2023 ? Après que, à jet continu depuis *J'accuse*, l'on eut déversé des tombereaux d'immondices sur la personne de Polanski, invariablement présenté comme « symbole de

---

1. Libre recyclage de la locution fameuse « *Carthago delenda est* » (« Carthage doit être détruite ») attribuée à Caton l'Ancien au moment des guerres puniques.

2. Scénario écrit avec Jerzy Skolimowski. C'est avec lui que Roman Polanski avait écrit son premier long métrage, *Le Couteau dans l'eau* (1963).

l'impunité en matière sexuelle[3] », voilà qu'on allait enfin pouvoir achever le travail, cette fois en piétinant à qui mieux mieux l'artiste. Cela bien entendu sous couvert de « critique cinématographique ». « Ratage monumental », « naufrage » : dans la presse française, mais aussi anglo-saxonne[4], *The Palace* a été déchiqueté, avec une violence et un ton de haine proprement (ou plutôt salement) inouïs, frisant souvent l'abjection. La palme de l'indignité revient sans conteste à *Libération*, écrivant sans ciller :

> Deux hypothèses se dégagent au sortir de cette infecte purge : soit le cinéaste ricane bien depuis son lugubre chalet de Gstaad, d'avoir réussi, littéralement, à infiltrer une merde à Venise (le film est obsédé par les excréments du chihuahua de Fanny Ardant) ; soit Polanski, au bord de la sénilité, régurgite les rebuts depuis longtemps contenus dans son cinéma (cruauté facile, gags de petit vicelard) sous une forme totalement grotesque[5].

L'insulte et la dégoûtante volonté d'humilier sont manifestes. Quant à l'ineptie des considérations générales sur le cinéma de Polanski dont la journaliste, aveuglée par sa détestation militante, croit judicieux d'assaisonner sa

---

3. *Le Parisien*, 4 septembre 2023.

4. Autrement dit, dans les pays qui ont fait de Polanski un paria…

5. *Libération*, 3 septembre 2023, sous la plume de Laura Tuillier et le double titre « Vite ma daube – Mostra : le nouveau film de Polanski consterne à mort Venise ».

prose, on en est gêné pour elle. Inutile de commenter davantage. *Le Figaro*[6], plus policé en apparence, n'a pas été en reste, ouvrant le bal pour expliquer, *eyes wide shut*, que du réalisateur de *Chinatown* et de *Rosemary's Baby*, il ne « reste plus grand-chose » et prétendre, en guise de preuve que Polanski était (enfin) fini, qu'« à l'issue de la projection de presse sur le Lido vendredi soir, une cohorte de journalistes blêmes[7] se ruaient sur le spritz pour tenter d'oublier cette mauvaise blague ». Fermez le ban.

Ce n'est pas la première fois qu'un film de Roman Polanski, lequel n'est pas précisément un *feel good* cinéaste, se voit très mal accueilli par la critique. *Macbeth*, *Le Locataire* – devenu par la suite un film culte – ou *La Neuvième Porte* par exemple ont été la cible d'une démolition en règle. D'autres films pourtant moins convaincants, tels que *Carnage*, ont été au contraire plutôt bien reçus. Le discernement et l'honnêteté intellectuelle ne sont hélas pas la plupart du temps les traits les plus caractéristiques de la critique cinématographique (ou théâtrale, ou littéraire). Trop d'enjeux extérieurs au libre exercice du jugement, et à la capacité à recevoir et à apprécier une œuvre à sa juste valeur, se mêlent à l'affaire – sans parler de la prétention, de la paresse, du suivisme, voire de la simple sottise. Ainsi, comme l'a si drôlement écrit Virginia Woolf

6. *Le Figaro*, 2 septembre 2023, Étienne Sorin, « Avec *The Palace*, Polanski accable la Mostra ».

7. Distorsion de la réalité quant à la façon dont le film fut reçu lors de la projection de presse, dans la plus grande salle, bondée, du Palais du cinéma : pas le moindre sifflet, applaudissements. Information communiquée par Michel Ciment qui nous a hélas quittés le 13 novembre 2023.

évoquant la « fusillade fantasque de la presse », nombre de critiques passent les œuvres « en revue comme un cortège d'animaux dans un stand de tir » et prennent plus souvent qu'à leur tour « des lapins pour des tigres, des aigles pour des volailles de basse-cour[8] ». Quiconque lit des livres, va au cinéma ou au théâtre peut le constater tous les jours. Même si heureusement il existe toujours des critiques pertinents et indépendants d'esprit.

Mais cette fois, il s'agissait de régler définitivement son compte à Polanski. N'avait-il pas eu le front de réaliser un nouveau film ? Et quel film ! On allait le lui faire payer, en sorte que l'envie de récidiver – à son âge en plus, non mais ! – lui passe pour de bon. Façon tabassage mafieux en règle. Et en torpillant préventivement ce film intempestif, on allait consolider en France le cordon sanitaire autour du cinéaste. Pas de producteur hexagonal ? Polanski, tenace, a quand même fait son film. Alors maintenant : pas de distributeur (tout au moins à l'heure où je rédige ces lignes). En d'autres termes (certes peu plaisants) : censure pure et simple de Polanski, dans son propre pays d'adoption. On connaît ça ailleurs – en Iran, en Égypte, en Chine, en Russie. Ici, davantage d'hypocrisie. Pas d'interdiction par les autorités. Juste une inscription sur liste noire, grossièrement maquillée en jugement esthétique. Ce n'est pas l'État qui censure – encore que certains ministres et non des moindres, au moment de *J'accuse* puis d'une cérémonie des Césars de triste mémoire, ont, comme on sait, osé

8. Virginia Woolf, *Comment lire un livre*, *op. cit.*, p. 313.

prononcer de scandaleuses paroles de condamnation du « violeur » Polanski. C'est plus subtil : la presse s'acharne à détruire son film, fournissant ainsi toutes les justifications nécessaires aux distributeurs effrayés par les vociférations misérables des furies à pancartes. Et voilà les spectateurs français privés de la possibilité de voir un film de l'un des plus importants cinéastes de ce pays et de l'histoire du cinéma. Situation, il convient d'en prendre la mesure, effarante et tristement ridicule. Quand bien même *The Palace* serait un mauvais film – ce qu'il n'est pas, nous y venons dans un instant –, c'est inconcevable, et en réalité honteux.

En prélude au médiocre assassinat du *Palace*, on eut droit à un numéro de l'hebdomadaire *Franc-Tireur* : « Mostra : fallait-il inviter Luc Besson, Woody Allen, Roman Polanski ? » se demande benoîtement le magazine, dans une couverture qui se veut spirituelle façon *Libé*[9]. Suit un long article pathétiquement indigent sur les trois malfaiteurs du sexe signé Caroline Fourest, Tristane Banon, et Paloma Clément-Picos, dans lequel, si Woody Allen se voit à peu près sauvé (il faut bien passer pour mesurées), cela reste beaucoup plus ambigu en ce qui concerne Luc Besson. Pour ce qui est de Polanski, l'orientation du texte est clairement hostile, et ces dames-procureurs distillent, avec des circonlocutions de saintes-nitouches de

---

9. *Franc-Tireur*, 30 août 2023. Au-dessus des portraits des trois affreux, ce gros titre : « Ça l'affiche mâle ». Désolant. Toujours autant d'esprit dans une illustration intérieure humoristique, paraît-il, où l'on peut lire ce slogan : « Porcs à Venise ».

l'information, la conviction empoisonnée de sa nécessaire culpabilité. L'article prendra donc soin au préalable de souligner lourdement le « goût pour les jeunes filles » de Polanski, jadis par lui-même affirmé (goût forcément pervers, voire criminel[10], n'est-ce pas) – on est méthodique ou on ne l'est pas, que diable ! –, et, après un rappel faussement objectif de l'affaire Samantha Geimer, où l'on concédera tactiquement que « sa victime réclame le droit à l'oubli », le texte se poursuivra ainsi :

> On pourrait donc estimer que le dossier est clos […], malgré des actes terribles mais anciens. Sauf que d'autres femmes l'accusent des mêmes faits. De 2010 à 2019, elles sont cinq, dont la Française Valentine Monnier, à raconter avoir été agressées par le cinéaste alors qu'elles étaient mineures (entre dix et dix-huit ans au moment des faits).

Chef-d'œuvre de rhétorique fielleuse : puisque Polanski a commis jadis ces « actes terribles » – jamais qualifiés ainsi par Samantha Geimer elle-même, faut-il le rappeler, et pas seulement parce qu'elle aurait « pardonné » –, c'est donc que ses *serial* accusatrices disent probablement (sinon certainement) la vérité. Re-voilà la preuve par le « viol » initial, couplée à la preuve par le nombre. Et on appelle ça du « journalisme ». Passons.

---

10. Rappelons la sortie fracassante d'Adèle Haenel poing levé aux Césars 2020, au cri de « Vive la pédocriminalité ! ».

Le bouquet final nous fut offert par *Le Monde*, sous la plume torve d'Aureliano Tonet[11] : après avoir évoqué, au sujet de Luc Besson, une « opération de blanchiment » – le non-lieu dont il a bénéficié étant considéré comme une preuve d'impunité –, voici que, s'agissant de Polanski, surgit sous la plume du journaliste l'ombre du « lobby juif ». Certes ce n'est pas dit en ces termes. Mais, croit bon de préciser au début d'un paragraphe l'auteur de l'article, son producteur est un « juif pratiquant », alors évidemment… Le « Syndicat[12] », vous dis-je, pour financer le criminel.

Tout cela est particulièrement répugnant. Tel est cependant le contexte de réception du *Palace.*

Avant d'avoir vu le film, et à la lecture des critiques, l'auteur de ces lignes s'était dit, accordant malgré tout un certain crédit aux équarrisseurs associés – où se démontre leur impressionnant pouvoir de nuisance, y compris auprès de qui est plutôt averti de leurs visées peu reluisantes –, que peut-être finalement *The Palace* était plus ou moins raté. Échouer dans une entreprise, cela arrive aux meilleurs. Mais qu'en aucun cas bien sûr cette éventualité, prise (relativement) au sérieux – en l'occurrence, quelle

---

11. « Woody Allen, Luc Besson et Roman Polanski font un retour très contesté à la Mostra de Venise et à Deauville », *Le Monde*, 6 septembre 2023.

12. Le « Syndicat » a été le grand fantasme des antidreyfusards. Ses membres étaient censés financer le soutien à Dreyfus, selon une thèse inspirée de celle du « complot juif » développée par Édouard Drumont dans *La France juive* paru en 1886.

erreur ! –, ne justifiait la sauvagerie et la grossièreté des attaques envers le réalisateur.

Il est du reste piquant, notons-le au passage, de relever que là où on a hurlé au scandale scatologique pour une histoire de chihuahua affecté de troubles gastro-intestinaux névrotiques dans la bouffonnerie sombre mise en scène par Polanski, on a pu trouver « touchante » Marina Foïs « une petite crotte à la main[13] » (enveloppée de papier doré, c'est plus chic) lors de la cérémonie des Césars 2021[14], cette performance étant censée délivrer un message politique profond (en substance : le « pouvoir » considère que « l'art c'est de la merde »). Et là où on s'est offusqué de l'obsession sexuelle de la marquise solitaire aux petits soins pour son toutou, Constance Rose Marie de La Valle, interprétée avec une fantaisie et un brio réjouissant par une Fanny Ardant à contre-emploi, on avait trouvé des vertus « politiques » et du « courage » à l'exhibition de Corinne Masiero dans la même cérémonie, tampax usagés en guise de boucles d'oreilles. Protestation et magnifique engagement, nous a-t-on très sérieusement expliqué, contre pêle-mêle la misère des intermittents du spectacle et la pédophilie (petit hommage aux Césars 2020). Cherchez l'erreur…

---

13. *Le Figaro Madame*, « Césars 2021 : la touchante émotion de Marina Foïs, une petite crotte à la main », 12 mars 2021.

14. Cérémonie au cours de laquelle, sans que cela semble déranger grand monde, l'humoriste Vincent Dedienne a élaboré dans un sketch laborieux un subtil parallèle entre Roman Polanski et Hitler – nous avons évoqué cet épisode.

Après avoir vu le film, plus de doute. Et face à l'injuste curée, à la regrettable pusillanimité des distributeurs français[15], à tout le moins une incompréhension. Il est parfaitement concevable que *The Palace* déplaise. On peut aussi comprendre que son humour noir et grinçant provoque un malaise – avec un maître du malaise tel que Polanski, cela n'a rien de surprenant –, et même un violent mouvement de rejet. Mais il est malhonnête et faux de prétendre qu'il s'agit d'un ratage, ou même simplement d'un mauvais film.

À voir, après un prologue sur la ruche industrieuse qui s'apprête à accueillir une troupe d'épaves endiamantées, les apparitions successives des protagonistes de cette ronde de nuit funèbre – des entrées de clowns parfaitement chorégraphiées –, on comprend qu'en réalité on vous emmène au cirque. Un sacré cirque. Noir. Très noir, rire et cauchemars mêlés.

Jadis déjà, dans un court métrage intitulé *Le Gros et le Maigre*[16] – un vrai bijou –, le thème burlesque du potentat repu et de son serviteur agile (interprété par un Polanski irrésistiblement drôle et gracieux en danseur-musicien-acrobate, qui rêve de liberté en contemplant Paris au loin, quelle ironie aujourd'hui…) était traité à la façon d'un numéro de cirque. Mais le petit film s'achevait malgré tout sur une note optimiste. Au programme cette fois :

15. *The Palace* sortira en revanche dans de nombreux pays européens, dont l'Italie, la Pologne, les pays du Benelux, l'Espagne, l'Allemagne, la Grèce, le Portugal, ainsi que dans différents pays d'Europe centrale et orientale, et en Israël. La situation en France, dont Roman Polanski est citoyen, n'en est que plus misérablement aberrante.

16. 1960.

sombre et folle sarabande de « moribonds-bouffes[17] » gavés au caviar, escrocs en tout genre, marquise esseulée folle de son corps, Cendrillon de carnaval, beautés perfusées au champagne et aux dollars, demain promises, les malheureuses, aux masques de Frankenstein femelles sortis du bistouri de *serial* lifteurs – on croirait voir Gwynplaine[18], dans le faciès détruit de Mrs. Robinson[19]. Et même un petit chien (névrosé, on peut comprendre !) et un pingouin. En maître de piste, un flegmatique monsieur Loyal – l'impeccable manager de l'hôtel[20] jamais à court de solutions, régnant sur la fourmilière de la coulisse, impavide face aux plus scabreuses, aux plus macabres catastrophes. Le chapiteau : un palace kitsch dans une station huppée des Alpes suisses, sorte de château de Disneyland planté au milieu des sapins enneigés. Peuplé pour le réveillon du millénaire – minuit sonnera l'entrée dans l'an 2000 – par une troupe d'horrifiques milliardaires, gangsters, stars déchues. En face d'eux, une armée d'employés impeccablement professionnelle mais à aucun instant servile fait fonctionner l'hôtel. Des humains normaux, au regard acéré.

---

17. Formule empruntée à Marcel Proust, dans les pages féroces et inoubliables du « bal des têtes », *Le Temps retrouvé, À la recherche du temps perdu*, Paris, Gallimard, « La Pléiade », 1973, p. 922.

18. Gwynplaine est le héros défiguré du roman de Victor Hugo *L'Homme qui rit* (1869). Dans le film homonyme de Paul Leni (1928), il est interprété par Conrad Veidt.

19. Interprétée par Sydne Rome – elle-même célèbre victime, dans la vraie vie, de la chirurgie esthétique.

20. Formidablement interprété par Oliver Masucci.

Qui attendait de Polanski une comédie dramatique classique, même noire – avec intrigue, et *happy end* (ou apparence de *happy end*) de rigueur –, se trouve pris à revers. Car c'est d'autre chose qu'il s'agit. Non sans motif, avec une virtuosité ébouriffante et dans une mise en scène au cordeau servie par des interprètes au meilleur d'eux-mêmes, *The Palace* relève du genre, ici revisité, de la farce (féroce). Un genre plus fragmentaire – pas de trame narrative à proprement parler mais, sur un canevas type, un jeu de figures familières à tous. Genre à la fois traditionnel et plus abstrait à certains égards qu'une comédie, car on ne peut s'y accrocher au fil habituel d'une histoire. *The Palace* ne raconte pas à vrai dire une ni même plusieurs histoires. Il tend un miroir ultragrossissant à un bug de l'humain qui n'a pas attendu l'an 2000 pour produire ses ravages : déliaison, fragmentation, dérélictions sinistres remplies jusqu'à la gueule de néant pailleté. Plus encore qu'une satire sociale, c'est d'un regard sur les effets délétères de ce bug-là qu'il est question. Car dans cette farandole burlesque de la dévastation, les milliardaires et autres margoulins hors sol, tout en étant très réalistes et pour certains clairement inspirés de personnages réels (tel M. Crush qu'interprète Mickey Rourke, mélange grotesque de Trump et de Berlusconi), sont ici de grandes marionnettes, des archétypes qui rendent visible ce désastre, cet égarement humain/inhumain loin du monde des vivants. Des tronches de James Ensor ou de George Grosz[21].

---

21. Cela a été relevé par la presse italienne, laquelle a su prendre la mesure de la valeur du film dans plusieurs articles publiés lors de sa sortie en Italie

Seuls résistent à la catastrophe ceux qui envers et contre tout ont à cœur d'accomplir au mieux les tâches, y compris absurdes ou rebutantes, qui leur sont dévolues, et sans perdre leur âme. Hansueli, qui gouverne cet antre de la folie, garde toujours son sang-froid, et avec élégance et humanité parvient à faire le job, si ingrat soit-il. Il ne méprise ni ne néglige la famille de pauvres hères d'Europe de l'Est surgissant soudain pour faire reconnaître une filiation par l'escroc Crush furax, occupé à préparer l'arnaque du millénaire, il l'accueille avec gentillesse. Pas davantage n'humilie-t-il la (très) plantureuse Cendrillon inversée (elle ne sera reine de plein droit, multidollarisée, que passé minuit ; son « prince[22] » est un « vieillard fantoche », une « loque en bouillie[23] » raidie par le Viagra puis par la mort, un poil trop tôt, *damned* !) en très fâcheuse posture lorsqu'elle l'appelle au secours. Et il organise en toute discrétion et de main de maître le nécessaire

---

le 28 septembre 2023. Un accueil qui, par contraste, rend crûment visible le parti pris remarquablement uniforme de la critique hexagonale, animé d'une « passion sectaire » (expression empruntée à G. Clemenceau) écrasant l'intelligence comme la libre capacité de voir.
Notamment : https://ilbuongiorno.com/zombie-miliardari-alle-soglie-del-nuovo-millennio/
Également : https://filmtv.press
Et aussi *La Republica*, 28 septembre 2023.
Même bon accueil en Pologne : la *Gazeta Wyborcza* le 5 novembre 2023, prédit même que *The Palace* deviendra un film culte. En France, une exception tout de même, notable : le magazine *Positif*, dans son numéro de novembre 2023 (n° 753) qui rend compte de la Mostra, publie un éloge sans réserve de *The Palace*.

22. Époustouflant John Cleese.

23. *Le Temps retrouvé*, *op. cit.*, p. 924 et 922.

grimage tragi-comique pour éviter que le carrosse ne se transforme en citrouille définitive pour la veuve-enfant vénale[24]. Même une ancienne maîtresse archirefaite et vexée que le mort provisoirement falsifié ne la « calcule pas » n'y verra que du feu – vivant ou mort, quelle différence ? le désormais cadavre-guignol est/était un sac à fric, rien de plus. Vénale, la triste Cendrillon d'opérette, autant sinon plus encore que les grappes d'escorts qui font partie de la panoplie des malfrats russes ; on l'a vue cependant plus sincèrement émerveillée sans doute par la beauté du ciel étoilé, ou la gaucherie sympathique d'un volatile qui se fout éperdument de tout ce tralala, que par le torrent de diamants, prix convenu des gâteries sexuelles à dispenser au vieux gaga.

Les femmes de chambre, pince à linge sur le nez s'il le faut pour ramasser la merde (du chihuahua perturbé en l'occurrence) et moquerie à la bouche, elles aussi font le job. Tout comme le plombier beau gosse – prêt même à quelques heures sup (moyennant pourboire ?) pour les beaux yeux de la marquise fanée prisonnière d'une misère de solitude, mais à la libido intacte.

Le placide et redoutablement efficace directeur de l'hôtel prendra toutefois sa revanche, au bout de cette nuit agitée, tout en réjouissances factices : « *It's your problem* », rétorque-t-il, impérial pince-sans-rire enfin calé dans le fauteuil de son bureau pour un repos bien mérité, en pointant son revolver allume-cigare vers la crapule russe

24. Prénommée Magnolia, l'épouse du géronte riche à milliards est interprétée par l'étonnante Bronwyn James.

qui a malencontreusement enfermé dans l'inexpugnable chambre forte de l'hôtel l'ambassadeur avec quelques valises de billets et… l'unique clé de ce coffre-fort *king size.*

La bacchanale de cette nuit de (faux) passage et de vacuité s'achève. Un plan s'attarde quelques longues secondes sur le sol jonché des débris de la triste fête. Remontent à la mémoire des images de tableaux anciens, danses macabres et vanités[25], et ces lignes de Virginia Woolf décrivant une aube grise de lendemain de fête :

> Elle voyait autour d'elle les assiettes sales, les verres vides, les pétales et les miettes de pain. Dans le mélange des deux lumières, cela paraissait prosaïque mais irréel ; macabre mais brillant[26].

Et l'on comprend que l'œuvre que nous avons vue est en effet une vanité, au sens le plus classique. Au cours de la nuit de festivités, deux macchabées tout de même… Et la tombe pour tout palais.

Le plan final, qui a tant déconcerté dans son incongruité, montre un coït improbable – désintéressé celui-là ! – entre le chihuahua et le pingouin, libérés des humains en faillite. L'innocence rêvée d'un jardin des délices fantastique – impossible, certes. Mais on est au cinéma.

---

25. Notamment un tableau de Jan Ier Brueghel intitulé *La Vanité des choses humaines.*

26. Virginia Woolf, *Les Années* (1937), trad. Germaine Delamain, Paris, Gallimard, « Folio », 2007, p. 538.

Dans ce libre « espace des images », selon l'expression de Walter Benjamin, qui nous découvre « le monde dans son actualité intégrale ». Si sombre soit-elle. Il s'agit, dans l'ouverture de cet « espace des images », de ce que Benjamin décrit en ces termes : « organiser le pessimisme[27] ».

Roman Polanski, cinéaste, articule une pensée vigoureuse dans et au moyen des images, alphabet qui parle à tous. Oui, *The Palace* est un film archinoir, composé d'éclats brisés, de fragments d'insignifiance grotesque qui disent la brisure d'un monde fasciné par l'Apocalypse. Mais paradoxalement, il émane aussi de ce film plutôt horrifique une sorte d'impérissable gaîté, tant la stupéfiante énergie de sa mise en scène peut gagner le spectateur qui accepte de se laisser faire par une outrance savamment orchestrée, sans vouloir à toute force se rassurer par une « histoire » heureuse ou triste. Il n'y a que fragments, résidus d'histoires, dans ce kaléidoscope frénétique. Comme dans la ronde des heures, les personnages n'apparaissent que le temps d'une nuit. À nous d'imaginer – si nous voulons – quels êtres humains, quand même, et même les pires d'entre eux, peuvent être ou avoir été ces pantins agités – et mortels. Comme il arrive dans l'ordinaire comédie sociale, bien souvent. Bien au-delà des caprices tyranniques de quelques milliardaires. *The Palace*, implacable et « hénaurme » caricature d'une humanité oublieuse d'elle-même en même temps que rappel des bribes fugaces d'humanité qui résistent à tout, est un

27. Walter Benjamin, *Écrits français*, Paris, Gallimard, « Folio essais », 2006, p. 447.

anticonte en quelque sorte. Mais il rejoint le conte, néanmoins, dans l'utopie enfantine et moqueuse de son finale drolatique : crapauds (ou pire) et (fausses) princesses, alors pourquoi pas pingouin et petit chien ?

« Il faut cependant que notre hostilité elle-même devienne un moyen de joie ! Donc rire, nous moquer, anéantir sans amertume[28] ! » écrivait Nietzsche. Beckett le rejoint quelques décennies plus tard, notant que « quand on est dans la merde jusqu'au cou, il ne reste plus qu'à chanter ! ». Voilà ce que fait Polanski dans cet opus inattendu, avec une verve sarcastique et une causticité qui, si elles peuvent déplaire, ne sont certainement pas naufragées. Film profondément musical – par et au-delà de son excellente bande-son –, car reposant d'abord sur le rythme sans faiblesse de sa mise en scène, *The Palace* est un film libre et rien moins que frivole, sous ses faux airs de grosse charge potache.

C'est impardonnable, pour tous ceux qui ont juré d'anéantir – avec une amertume haineuse pour le coup, le regard et la bouche débordant de fiel et d'ordure – Roman Polanski.

---

28. Friedrich Nietzsche, *Œuvres philosophiques complètes*, t. 5, *Fragments posthumes, été 1881*, trad. Pierre Klossowski, Paris, Gallimard, 1999, p. 380.

ANNEXE

Le lecteur trouvera en page suivante deux liens sur la motivation du tribunal de Cracovie, établie par le juge Dariusz Mazur, pour refuser en 2015 l'extradition de Roman Polanski par la Pologne.

Le premier lien donne accès à l'audience filmée, sous-titrée en français, au cours de laquelle le juge Mazur a exposé les attendus de sa décision. La qualité du raisonnement du magistrat, qui allie précision, rigueur juridique et intégrité morale, mais aussi la force et l'humanité qui se dégagent de sa présence au cours de cette longue, et pourtant captivante prise de parole, confèrent à ce moment judiciaire une valeur remarquable.

Le second permet de prendre connaissance de l'intégralité de sa motivation écrite. Le document est ici présenté et mis en forme par Me François Zimeray, avocat à la cour. Il est précédé d'une utile préface rédigée par Mes Delphine Meillet et François Zimeray.

Décision du tribunal polonais. Audience sous-titrée en français :

https://www.youtube.com/watch?v=UEsTINMTARE

Motivation complète du tribunal polonais rendue par le juge Dariusz Mazur :

https://www.calameo.com/read/0047097988f2028c6d650?authid=uqk96lvJTsXa

Je voudrais exprimer mes plus vifs remerciements aux éditions du Cherche Midi ainsi qu'à l'équipe éditoriale pour son engagement sans faille à mes côtés dans ce projet, que beaucoup auraient jugé téméraire. Sans la confiance que m'a témoignée mon éditeur, Jean Le Gall, en acceptant d'accompagner ce travail, sans sa constance et sa fidélité à toute épreuve, ce livre n'aurait sans doute jamais vu le jour.

TABLE DES MATIÈRES

Cet ouvrage a été achevé d'imprimer sur Roto-Page
par l'Imprimerie Floch à Mayenne en janvier 2024
N° d'édition : 17781/01 – N° d'impression : 103907
Imprimé en France